Verzauberte Liebe

Das Buch
Jeder Mensch sehnt sich nach dem Zauber der Liebe. Und doch steht ihr oftmals so viel im Weg. Marianne Williamson zeigt einfühlsam und zugleich pointiert, wie Frauen und Männer wirklich aufeinander zugehen können. Sie eröffnet Wege, sich mit den Verletzungen der Vergangenheit auseinander zu setzen, um einer neuen, wahren Liebe Raum zu geben. »Verzauberte Liebe« lässt uns auf allen Ebenen des Seins reif werden für eine wertvolle Beziehung.

Die Autorin
Marianne Williamson hält seit 1993 Vorträge über Metaphysik und Spiritualität. Sie ist Autorin mehrerer Bestseller und die spirituelle Führerin der Church of Today in Amerika.

Marianne Williamson

Verzauberte Liebe

Die mystische Kraft intimer Beziehungen

Aus dem Amerikanischen
von Maria Buchwald

Econ Taschenbuch

Für dich

Diese Ausgabe entstand durch Vermittlung von Jürgen P. Lipp und Jürgen Mellmann.

Econ Taschenbücher erscheinen im Ullstein Taschenbuchverlag, einem Unternehmen der Econ Ullstein List Verlag GmbH & Co. KG, München

Deutsche Erstausgabe
1. Auflage 2001

© 2001 für die deutsche Ausgabe by Econ Ullstein List Verlag GmbH & Co. KG, München
© 1999 by Marianne Williamson
Titel der amerikanischen Originalausgabe:
Enchanted Love (Simon & Schuster, Inc.)
Übersetzung: Maria Buchwald
Redaktion: Julia Riesz
Die Ratschläge in diesem Buch sind von Autorin und Verlag sorgfältig erwogen und geprüft; dennoch kann eine Garantie nicht übernommen werden. Eine Haftung der Autorin bzw. des Verlages und seiner Beauftragten für Personen-, Sach- und Vermögensschäden ist ausgeschlossen.
Umschlagkonzept: HildenDesign, München – Stefan Hilden
Umschlaggestaltung: HildenDesign, München – Eva Groschke
Titelabbildung: Photodisc
Satz: Pinkuin Satz und Datentechnik, Berlin
Druck und Bindearbeiten: Ebner Ulm
Printed in Germany
ISBN 3-548-74026-X

Inhaltsverzeichnis

Einleitung   7

1. Kapitel	Das verzauberte Meer	10
2. Kapitel	Von Weltraumkapitänen und Engeln	22
3. Kapitel	Heilige Bindung	30
4. Kapitel	Die Gaben miteinander teilen	46
5. Kapitel	Liebe und Feuer	64
6. Kapitel	Reifen durch die Liebe	75
7. Kapitel	Gnade und Vergebung	96
8. Kapitel	Partnerschaft	114
9. Kapitel	Die Geister bannen	129
10. Kapitel	Dauerhafte Bindungen	147
11. Kapitel	Körper und Seele	162
12. Kapitel	Wenn die Form sich verändert	175
13. Kapitel	Das Lied der Geliebten	186

Danksagung   192

*Vergiss die Logik,
vergiss deinen Kopf,
öffne dein Herz
und komm mit mir.*

Einleitung

Eine wahre Liebesbeziehung ist nicht so sehr ein Zustand als vielmehr eine Sphäre, in der man sich bewegt, eine Sphäre, die keiner anderen gleicht und die – obwohl sie unsichtbar ist – die Luft um uns herum durchdringt. Sie verströmt eine geheimnisvolle Kraft, von der wir uns fast alle angezogen fühlen, sobald wir ein bestimmtes Alter erreicht haben. Ihr wohnt etwas inne, das wir erstreben, weil wir Menschen sind, und sie befriedigt ganz eindeutig ein grundlegendes menschliches Bedürfnis.

Die wahre Liebe befriedigt unser Bedürfnis nach Abenteuer, nach Sinngebung, nach Magie und nach einer tiefen, gefühlvollen Verbindung mit dem anderen. Sie erfüllt unsere spirituellen und unsere emotionalen Sehnsüchte. Sie ist für Erwachsene das, was für Kinder die Auslagen eines Spielzeuggeschäfts sind. Sie lässt unsere Augen ebenso groß werden und strahlen wie ihre, wenn sie den Weihnachtsmann sehen. Ja, auf eine sehr reale Weise *ist* sie der Weihnachtsmann!

Doch die romantische Liebe ist auch ein Zug, in den man nicht ohne Fahrkarte einsteigen kann. Manche Menschen besitzen diese Karte und manche nicht. Manche Menschen neigen emotional, psychologisch und spirituell zur wahrhaft romantischen Liebe, wohingegen andere vor ihren tiefen und gewaltigen Strömungen zurückschrecken. Sehr viele Leute behaupten, sie sei das, was sie sich am meisten wünschen, tun aber in Wahrheit alles, um ihr aus dem Weg zu gehen.

Dieses Buch handelt nicht von den Regeln für eine Liebesbeziehung, auch nicht davon, wie man eine langjährige Partnerschaft aufrechterhält. Es bietet kein Rezept. Es enthält lediglich meine Überlegungen als Frau zu den Dingen, die ich hinter dem Schleier der Liebe gesehen habe. Es handelt von dem, was ich mit der Zeit als den Zauber einer tiefen, romantischen Begegnung erkannt habe, die weniger mit Quantität als mit Qualität zu tun hat, weniger mit der äußeren Welt als mit der inneren. Geliebt zu haben bedeutet, in ein sehr fernes und geheimnisvolles Land gereist zu sein. Dieses Buch enthält nicht viel mehr als Eindrücke, die ich von meinen Reisen mitgebracht habe. Doch wenn man diese besondere Zugfahrt einmal unternommen hat, besitzt man eine Fahrkarte, mit der man erneut dorthin fahren kann. Und wenn man die Reise eines anderen Menschen wirklich verstanden hat, so kann dies helfen, den Zugführer davon zu überzeugen, dass man in diesen Zug gehört und eine Chance verdient, mit ihm zu fahren.

Meist ist es so, dass wir uns zwar verlieben, es aber nicht lange bleiben. Die Welt nennt diesen Zustand, in dem wir uns befunden haben, dann Täuschung oder Verblendung. Aber wir waren nicht getäuscht. Wir waren nicht verblendet. Uns – oder dem anderen – fehlten bloß die emotionalen Fähigkeiten, an der Magie festzuhalten, als die Morgendämmerung heraufzog. Später reden wir uns ein, der magische Augenblick sei nicht real gewesen, doch diese Schlussfolgerung ist nur eine kollektive Lüge. Und die haben wir erfunden, um mit der Enttäuschung fertig zu werden, die wir darüber empfinden, dass wir in einer sternenklaren Nacht auf dem Mond waren und danach auf die – wie es uns schien – öde, trockene Erde zurückfielen.

Diese Lüge ist so etwas wie eine gesellschaftliche Verschwörung. Denen, die daran festhalten, gibt sie eine Art widersinnigen Trost in ihrem Denken, unser Mangel an Mut sei eine Form psychischer Gesundheit. In Wahrheit können wir auf den Mond fahren und ein Leben lang die Magie dieses Augenblicks bewahren. Wir können seinen Geist einatmen und müssen ihn nie mehr loslassen. Wir können die Macht der romantischen Verzauberung besitzen und das ganze Leben als ein aufregendes Abenteuer wahrnehmen. Wir können den Tempel betreten und ein neues Herz empfangen, das für immer in heller Glut erstrahlt. Wenn wir auf den Mond gefahren sind und an das, was wir dort sahen, geglaubt haben, können wir mit einer Fahrkarte immer wieder dorthin zurückkehren.

Vergessen Sie Ihre alten Vorstellungen. Vergessen Sie die Lügen, die man Ihnen erzählt hat. Vergessen Sie das alles und Sie werden anfangen, sich zu erinnern. Es gibt eine Sphäre der romantischen Verzauberung, die die Welt, in der wir gegenwärtig leben, nicht so furchtbar wichtig, ja nicht einmal so sehr real erscheinen lässt.

In diese Sphäre tritt man zu zweit ein. Sie ist nicht einfach ein emotionaler Ferienort, sondern unser unbekanntester spiritueller Grenzbereich. Es ist der Ort, an dem wir eigentlich leben sollen. Und dort halten wir uns nicht einfach auf, dort leben wir in Ewigkeit.

Großer Vatergott/Große Muttergöttin,
bitte schicke mir meinen Liebsten.
Übers Meer und über die Berge
soll er zu mir reisen.
Und dann, lieber Gott,
wenn er bei mir angekommen ist,
soll die Nahrung, die er hier findet, ihn stark machen.
Ich warte auf ihn.
Ich rüste mich dafür.
Bitte mache mein Herz bereit.
Amen

Erstes Kapitel
Das verzauberte Meer

Ich liebe das Meer: sein Blau und sein Grün, sein Nass und seine Kühle. Wenn ich zwischen dem Meer und dir zu wählen habe, nehme ich dich – doch nicht ohne Traurigkeit.

Meine liebste Beschäftigung ist, mit dir zu schwimmen, die Krone auf mein Haupt zu setzen und dir Wasser ins Gesicht zu spritzen, dich anzuschauen, wenn du so lachst, und so zu tun, als sei ich ein kleines Mädchen. Ich liebe es, diesen Ausdruck auf deinem Gesicht zu sehen, wenn du merkst, dass ich es gar nicht bin.

… Ich weiß, ich weiß, sie fragen immer: »Wer bist du denn wirklich?«

Darauf lache ich nur und dann tauche ich in die Tiefe, um noch mehr Perlen auf dem Grund des Ozeans zu finden. Ich werde sie dir zurückbringen, mein Liebling. Immer werde ich sie dir zurückbringen …

Ich war schon immer von Meerjungfrauen fasziniert.

Ich habe das Gefühl, ich bin oft Männern begegnet, die sich im Meer verirrt hatten. Ich zog sie hoch, begleitete sie schwimmend nach Hause und half ihnen, wieder ihre »Landbeine« zu gebrauchen. Aber dann musste ich zurück ins Meer, da ich selbst nur über einen Fischschwanz verfügte. Ich beneidete die Frauen mit Landbeinen, die diese Männer bei ihrer Rückkehr an Land begrüßten und dort mit ihnen zusammenblieben. Ich bedauerte mich selbst wegen all der einsamen Nächte, die ich allein im tosenden Meer herumschwimmend zubrachte, mit den Sternen als den einzigen Begleitern zwischen meinen Rendezvous mit den ertrinkenden Seeleuten.

Als meine Tochter noch ganz klein war, las ich ihr oft das Märchen *Die kleine Meerjungfrau* vor und es ging mir immer sehr nahe. Doch die Geschichte der Meerjungfrau Ariel nahm einen anderen Ausgang, als ich es gewohnt war. Am Ende blieb sie mit Prinz Eric in *seiner* Welt und musste keine Meerjungfrau mehr sein. Etwas in mir wollte das auch für mich. Ich sagte meinen Erics immer, dass ich gerne so leben wolle wie sie, aber dann fand ich ihre Welt stets zu langweilig. Ja, ich wollte eine dieser Landfrauen sein, aber dann wollte ich es auch wieder nicht. Ich fand heraus, dass ich nicht leben konnte, ohne zu schwimmen, auch wenn ich oft das Gegenteil behauptete. Mein tosendes Meer war ein magisches Meer. Und ich erfreute mich nicht nur an den funkelnden Sternen, die mitten in der Nacht darauf herabschienen – ich begriff nach und nach, dass ich sie brauchte. Wenn ich zwischen Eric und dem Meer zu wählen hatte, dann fühlte ich mich eindeutig mehr zum Meer hingezogen. Ich sah, dass ich nicht für Erics Welt gemacht war, und was ich wirklich wollte, war ein Mann, der ohne meine Hilfe schwimmen konnte.

Was ich wollte, war nicht ein Ritter auf einem weißen Pferd. Was ich wollte, war ein Ritter auf einem Delphin und zu guter Letzt habe ich ihn dann auch gefunden. Denn ich lernte einige Dinge über die Erics der Welt. Auch sie langweilen sich hier. Sie wollen romantische Schwimmausflüge mitten in der Nacht und sind ebenso empfänglich für die Meerjungfrau, die sie hinaus aufs Meer führt, wie für eine Meerjungfrau, die mit ihnen zum Land zurückschwimmt.

Vergessen Sie *Die kleine Meerjungfrau*. Besser ist der Film *Splash*. Darin sagt die Meerjungfrau am Ende zu ihrem Liebsten: »Weißt du, ich komme von einem Ort, der viel schöner ist als dieser hier. In meiner Welt gibt es genauso viele Lichter und genauso viel Aufregendes. Da unten ist ebenso viel los wie hier oben. Ja, um die Wahrheit zu sagen, es ist ein wesentlich zivilisierteres Umfeld.«

Eigentlich war sie nicht nur gekommen, um mit ihm zusammen zu sein, sondern um ihn mit *hinunterzunehmen*. Er erinnerte sich plötzlich an den Augenblick, an dem sie sich zum ersten Mal begegnet waren. Sie waren damals Kinder und der Ort ihres ersten Zusammenseins war nicht die Erde, sondern das Meer gewesen. Dies war der Ort ihrer wahren und ursprünglichen Verbindung und seine Magie konnte nicht in eine besudelte, beschwerliche, weltliche Umgebung verlegt werden. Verzauberung ist nicht übertragbar. Und so gingen beide ins Meer zurück. Mystiker – und mystische Liebende – lernen diese Grundregel: Geh dorthin, wo man dich haben will. Geh, wohin du gehörst.

Mystische Liebe existiert, wie alles Mystische, in einer Sphäre des Bewusstseins, die anders ist als die, welche unser tägliches Leben beherrscht. Die emotionale Verzauberung wird von den unterseeischen Welten heraufbeschworen und zum Vorschein gebracht. Das zu wissen und auch zu wissen, wie man sie erlangt, ist nicht etwa eine Neurose, sondern ein Talent. In jeder Frau steckt eine verborgene Priesterin, die fähig ist, diese Sphäre zu erschaffen. Meerjungfrauen sind eine Art Muse des Geschlechtlichen; sie singen von höheren, erhabeneren, magischeren Dimensionen des Lebens und der Liebe. Im verzauberten, romantischen Meer haben wir alle die Macht, zu heilen und geheilt zu werden. An diesem Ort ist unsere Liebe ein Tempelgarten. Sex ist dort die Tür zum Tempel und in diesem Tempel liegt die Macht Gottes.

Es ist die sakrale Dimension ihrer Beziehung, wonach Liebende sich nun sehnen: der magische Raum der verzauberten Intimität. Viele von uns haben sie ohne ihr Wissen jahrelang gelebt. Manche Frauen haben Magie geübt, während andere ohne viel Begeisterung Hausarbeit verrichteten. Manche Männer haben Magie geübt, während andere sich im Alltagstrott treiben ließen, der ihnen ihre Zeit raubte und ihre Lebenskraft nahm. Manche gaben sich den mystischen Wassern hin, die unsere irdischen Erfahrungen umgeben, und diese Hingabe stellte sich schließlich als Segen heraus.

Es gab eine Zeit, in der die Lebewesen des Meeres auf der

Erde landeten; jetzt gehen die Lebewesen der Erde zum Meer zurück. Der verzauberte Liebende – der die Voraussetzungen besitzt, um über Erde *und* Meer zu herrschen – erhebt sich heute in einer schöpferischen Aufwallung. Diese neue Suche nach der romantischen Liebe kommt der Suche nach einem völlig unbekannten Grenzbereich gleich, zu dem unsere Sehnsucht uns in Scharen treibt. Es gibt eine andere Welt jenseits der hiesigen, die Nichteingeweihte einfach nicht sehen können. Würden die eine Meerjungfrau erblicken, so würde das bei ihnen lediglich den Wunsch auslösen, durch irgendwelche Tests herauszufinden, was es mit diesem Phänomen auf sich hat. Fischschwänze kommen ihnen sonderbar vor, aber andererseits sehen sie auch keine Flügel.

In Wahrheit sehen sie überhaupt nichts. Darum behaupten sie, Liebe mache blind, denn sie selbst sind es, die nichts sehen. Es gibt eben ein paar Dinge, die man mit irdischen Augen nicht sehen kann.

Eines davon ist die verzauberte Liebe ...

Wenn du meine Hand halten willst, dann will ich meinen Atem anhalten und auf die Stimme meines Herzens hören. Ich will mich von meinen belanglosen Träumen verabschieden und nach dem greifen, was wirklich mein ist.

Sag, dass du bereit bist, und ich werde mir die Fahrkarte für diese Reise kaufen. Sie wird nicht unbeschwerlich sein und nicht immer ruhig verlaufen. Aber das ist mir egal. Es ist mir egal. Zu diesem Schluss bin ich gekommen ...

Unser tiefstes menschliches Bedürfnis ist keineswegs materieller Natur: Unser tiefstes Bedürfnis ist es, *gesehen* zu werden. Wir brauchen Abenteuer. Wir brauchen Sinngebung. Wir brauchen Identität. Wir brauchen Liebe. Jemand, der uns mit liebenden Augen angesehen hat, hat uns aus den Reihen der ehemals Toten erweckt. Die meisten Menschen leiden unter der fatalen Bürde, ungesehen durch die Welt zu gehen – als bloße Nummer oder als Rädchen in einem leblosen Getriebe. Mystische Liebe schafft einen Raum, in dem man wiederauflebt und sich regeneriert. Er hilft uns nicht nur, in einer seelenlosen Welt zu überleben; er hilft uns, sie zu verwandeln.

Das Problem der meisten intimen Beziehungen ist, dass sie nicht romantisch sind. Kein tieferes Wissen ist ihnen eigen und das verringert die Chance auf ein sakrales, verwandelndes Miteinander. Wirklich gesehen zu werden, in all unserer Unschuld und Herrlichkeit, heißt, wirklich geheilt zu werden. Was wir aneinander bewundern, rufen wir ineinander wach.

Unendlich viele Menschen behaupten, sie suchten nach Liebe, doch im Grunde sind sie innerlich darauf festgelegt, sie niemals zu finden. Viele Menschen möchten lieber nichts von den Wunden und den Triumphen des Menschen wissen, der in ihren Armen liegt. Viele Menschen, die behaupten, sie suchten nach Liebe, suchen in Wahrheit nur nach oberflächlicher Bequemlichkeit oder Trost. Wirkliche Liebe bedingt den Willen, sich von unserem alten Ich loszusagen, um wiedergeboren zu werden, bereit für die Liebe und romantischer Höhen wahrhaft würdig. Wahre Liebe ist sicher tröstlich und beruhigend, aber nicht immer von Anfang an. Wenn wir es zu wirklicher Meisterschaft in ihr bringen wollen, müssen wir den Panzer durchbrechen, der unser Herz verbirgt, und dieser Akt des Durchbrechens ist nicht angenehm. Er ist grauenvoll und schmerzhaft. Es kann Jahre der Tränen benötigen, um die harte Schale zum Schmelzen zu bringen, die sich in dieser Welt entwickelt hat und unser zartes, sanftes inneres Selbst umgibt: Tränen um jeden verheerenden Verlust. Tränen um jeden demütigenden Misserfolg. Tränen um jeden immer wieder begangenen Fehler. Menschen, die diese Tränen zulassen, ja, sie sogar begrüßen, sind keine Versager in der Liebe, sondern die wahrhaft Eingeweihten. Zuerst kommt der Schmerz und dann die Kraft. Zuerst bricht das Herz und dann erhebt es sich.

Die Liebe wird alle Hebel in Bewegung setzen, jeden Glauben auf die Probe stellen, jede Stärke anfechten, jede Unvollkommenheit ans Tageslicht zerren, sich über jeden Wert lustig machen – und einen dann sterben lassen. Aber sobald man einmal über den Berg ist, sobald man von der 2. Liga der Liebenden in die 1. Liga aufgestiegen ist und Qualität erreicht hat, fliegt man wie ein Adler durch den Himmel des Herzens eines Liebenden – und nichts auf der Welt ist mit diesem Gefühl vergleichbar.

Erinnern Sie sich noch daran, was wir als Kinder über die Evolution lernten? Man zeigte uns einen Affen, abgebildet auf der linken Seite eines Buches, und einen aufrecht gehenden Menschen auf der rechten Seite. So stellte man uns die Evolution dar: als die Erhebung unserer Gattung vom Affen zum Menschen.

Doch vielleicht sollten wir dieses Bild überdenken. Ich glaube, dass der aufrecht gehende Mensch in die *Mitte* der beiden Buchseiten gehört. Unsere Arme hängen zwar im Moment noch am Körper herunter, aber der nächste Schritt sollte sein, dass wir sie leicht nach oben heben – in einer Haltung, die an Jesus erinnert. Es ist eine Haltung, die sagt: »Ich bin ohne Waffen« und gleichzeitig: »Komm zu mir.« Können Sie sich ein Bild von Jesus vorstellen, in dem er die Arme vor der Brust verschränkt und eine Pose einnimmt, die die innere Einstellung »Komm mir bloß nicht zu nahe« suggeriert?

Unsere menschlichen Arme werden sich langsam in einer Art Halleluja-Pose heben und am Rücken, zwischen den Schulterblättern, werden uns Flügel wachsen. Am Außenrand der rechten Buchseite wird ein Engel abgebildet sein. Denn darauf ist unser Streben ausgerichtet, da unser evolutionäres Potential uns dazu aufruft, voranzugehen und das zu werden, was wir wirklich sind.

Wie werden wir dorthin kommen? Ganz einfach: *miteinander*. Das höchste Ziel der Intimität ist es, die Seele des geliebten anderen wachzurufen.

In den Himmel gelangt man zu zweit. Verzauberte Intimität ist der Tempel des Heiligen Geistes, in dem wir am schnellsten und am wahrscheinlichsten durch Gnade verwandelt werden. Wir können nicht bleiben, wer wir waren, sobald die Liebe zu uns vorgedrungen ist und begonnen hat, unsere Herzen zu verändern.

Das zwanzigste Jahrhundert ist soeben zu Ende gegangen. Wir lassen ein Zeitalter hinter uns, das in spiritueller Hinsicht sehr finster war und in dem materialistische Lebensart und materialistisches Handeln fast überall im Vordergrund standen. Nur mit Mühe überlebte die Liebe diese Zeiten, aber sie hat überlebt – unerschütterlich und auf wundersame Weise, oft vernichtet und verletzt vom Spott und der Ablehnung durch eine lieblose Welt. Die Magie wurde an den Rand des Geistes verbannt, während die wahre Romantik in den Bereich der Märchen verwiesen wurde – und Märchen waren natürlich nur etwas für Kinder. Wir klatschten Romeo und Julia Beifall, doch insgeheim unterstützten wir die Dummheit ihrer Eltern.

Die wahre Liebe musste in den Untergrund gehen, da erst die physischen und dann die wirtschaftlichen Bedürfnisse in den Vordergrund rückten. Frauen brauchten Männer, damit diese ihr physisches Umfeld sicherten; sie bedurften ihrer Hilfe für den Schutz ihrer Kinder und ihrer selbst. Die Natur benötigte sowohl Männer als auch Frauen, damit weitere Kinder geboren wurden, das Ackerland bestellt werden konnte usw. Aber nun ist unsere menschliche Gattung in die nächste Phase ihrer Reise getreten, in die »Wechseljahre« ihrer Existenz, wo die Kreativität sich weniger körperlichen und mehr spirituelleren Aufgaben zuwendet. Unser Planet benötigt nun Weisheit dringender als noch mehr Kinder. Männer und Frauen brauchen einander – mindestens so sehr, wie sie es schon immer taten –, aber für eine tiefere Erfahrung, die über die bloße Fortpflanzung und das Gewähren von Schutz weit hinausgeht. Wir müssen uns nun im gemeinsamen Bewusstsein vereinen, um die wunderbaren Gaben des Geistes zu empfangen. Unsere stärksten Bedürfnisse sind psychologischer und emotionaler Natur, unsere kraftvollste Sprache ist die Poesie und der Mythos und unsere mächtigste Liebe zeigt sich in Vergebung und Mitgefühl.

Um zu überleben, brauchen unsere Kinder diese Verwandlung unserer Liebeserfahrungen. Damit wir sie in vergangenen Zeiten schützen konnten, mussten wir imstande sein, uns unsere physische Umwelt zu unterwerfen. Heute müssen wir, wenn wir unsere Kinder schützen wollen, lernen, dieselbe Umwelt zu befrieden und die Angst darin in Liebe zu verwandeln. Unsere Beziehungen sind im Idealfall Chancen, einen Riesenschritt nach vorn zu machen. Wir müssen als menschliche Familie wiedergeboren werden, damit Männer und Frauen neu erschaffen werden, reingewaschen von der Vergangenheit, denn nur so ist die Welt fähig für einen Neubeginn. Eine gefühlvolle Liebe ist der psychische Mutterleib für neues Leben, in dem unsere Küsse die Macht haben, uns alle zu verwandeln.

Aus dem Mutterleib geboren zu werden war schwierig und im Geist wiedergeboren zu werden ist es nicht minder.

Wachstum ist ein Entgiftungsprozess, da unsere schwächsten, dunkelsten Stellen an die Oberfläche gesaugt und damit freigesetzt werden. Sobald wir bemerkt haben, welche Schwächen der andere hat, sagen wir oft: »Wie furchtbar!« und ziehen uns danach von ihm zurück. Aber häufig bringt uns nicht ein neuer Partner, sondern vielmehr eine Veränderung unserer eigenen Wahrnehmung die Liebe, die wir suchen. Wenn es uns gelingt, das Ziel unserer Intimität zu ändern – es nicht mehr im Befriedigen der eigenen Bedürfnisse zu sehen, sondern es in den Dienst eines weitreichenderen Heilungsprozesses zu stellen –, dann bietet sich eine vollkommen neue Chance. Unsere Wunden sind sichtbar gemacht worden, nicht, damit die Erfahrung der Liebe verhindert, sondern damit sie gefördert wird. Das Verzeihen unserer Schwächen heilt uns von ihnen, und die

Zärtlichkeit eines Herzens, dem vergeben worden ist, ist eine Zärtlichkeit, die letztendlich die Welt heilen wird.

Du und ich, wir wissen beide, dass wir Schattenseiten haben. Wir haben Ecken und Kanten, mein Liebling, und wir widersetzen uns der Liebe. Wenn wir uns das nicht klar machen, dann verletzen wir einander und fügen uns nur Schmerz zu. Diese Aspekte unserer selbst könnten die Beziehung zerstören. Das sollten wir bedenken, ehe wir uns darauf einlassen.

Wir wurden zusammengeführt, damit wir Heilung erlangen. Es gibt etwas in deiner Persönlichkeit, das dazu bestimmt ist, meine ungeheilten Anteile zum Vorschein zu bringen, und durch mich werden deine zutage treten.

Doch wir können diese Beziehung auch anders sehen. Durch die Gnade Gottes kann sie zu einem heilenden Umfeld anstatt zu einer Folterkammer für Emotionen werden. In diesem Fall kann ich an meinen ungeheilten Anteilen arbeiten und du an deinen. Wir können sogar darüber hinauswachsen. Du sollst wissen, dass ich es zumindest versuche. Bitte nimm teil daran, aber versuche mich für diese Wunden, die ich habe, nicht anzugreifen oder zu verurteilen. Und ich werde dasselbe für dich tun – so gut ich es vermag. Dann wird der Heiligkeit Genüge getan und die Beziehung kann tiefer werden.

Vergib mir, wenn du kannst, und ich gelobe, dass ich versuchen werde, dir zu vergeben.

Kann es das Ziel einer Beziehung sein, unsere Wunden aufbrechen zu lassen? In gewisser Weise ja, denn so geschieht Heilung; Dunkles muss ans Licht gebracht werden, ehe es verwandelt werden kann. Das Ziel einer intimen Beziehung besteht nicht darin, ein Ort zu sein, an dem wir uns vor unseren Schwächen verstecken können, sondern vielmehr einer, wo wir sie ohne Gefahr zeigen können. Es erfordert Charakterstärke, um das Mysterium einer intimen Beziehung wirklich zu ergründen, denn man muss viel Kraft aufbieten, um die damit einhergehende psychische »Operation« auszuhalten: die emotionale und psychologische, ja sogar spirituelle Einweihung ins höhere Selbst. Nur dann können wir eine Verzauberung erleben, die von Dauer ist.

Unbewusst suchen wir die Beziehungen, die uns dazu herausfordern, unser seelenvollstes Selbst zu entblößen, und die uns gleichzeitig dazu verleiten, in unsere ausgeprägtesten neurotischen Muster zu fallen. Wir müssen der Wunde Beachtung schenken, damit sie heilen kann. Das ist der romantische Gral. Es ist das, was eine intime Beziehung so aufregend, aber auch so schwierig macht. Eine verzauberte Partnerschaft beginnt damit, dass beide Beteiligten bewusst verstehen, dass das Ziel ihrer Beziehung weniger materiell als spirituell ist und dass dazu außergewöhnliche innere Fähigkeiten vonnöten sind. Bei einer intensiven Liebesbeziehung geht es nicht um Vergangenheit oder Zukunft. Auch nicht um praktische Dinge. Ebenso wenig um die Gesellschaft oder um den Alltag. Sie ist ein kühner Ritt ins Zentrum dessen, was *ist*, zum Herz eines jeden Menschen, sie ist eine mutige und meisterliche Erforschung dessen, wer zwei Menschen wirklich sind und wie wir – noch hier auf Erden – die Engel werden können, die in uns wohnen.

Es gibt noch mehr darüber zu sagen, aber wir haben nicht die Worte dafür. Es gibt noch mehr zu sehen, aber wir haben nicht die Augen dafür. Es gibt noch mehr zu lieben, aber wir haben nicht das Herz dafür ...

Zumindest bisher, mein Liebling. Bisher. Denn ich glaube an die Macht der Liebe und die magnetische Anziehungskraft der Planeten in ihren Umlaufbahnen. Und es drängt dich, mich zu umfassen, so wie es mich drängt, dich zu umfassen. Ewig werden wir einander umfassen, denn unsere Umlaufbahnen sind dazu bestimmt, einander anzuziehen. Das hat die Zentralsonne so bestimmt und ihr Licht – wie schwach oder hell es auch sein mag, ob im Zentrum unseres Blickfelds oder nur am Rande oder zuweilen sogar unbeachtet – wird uns immer zu uns selbst zurückrufen. Und wenn wir wieder zu Hause sind, im Hafen der Liebe, werden wir einander stets wiederfinden. Ich werde da sein, wenn auch nur für einen Augenblick, und ich werde jedes Mal zu dir sagen: »Ich erinnere mich, mein Liebling. Dies ist für mich ein Zuhause.«

»Glaubst du, dass Planeten einander ›Liebling‹ nennen?«, fragtest du mit einem Lächeln.

»Ich glaube, in gewisser Weise tun sie das«, antwortete ich.

Und so beginnen wir alle: Ein Prinz und eine Prinzessin sehnen sich nach einander und wandern durch fremde Länder auf der Suche nach dem einen Land, das sie verloren haben. Wir suchen keine äußere Bleibe, sondern ein inneres Glück, und unsere Seelen wenden sich einer möglichen Vereinigung mit Sicherheit so zu, wie eine Blume sich dem Sonnenlicht zuwendet. Böse Feen und böse Königinnen, Ungeheuer und Drachen und Unheil bringende Zaubersprüche werden zwar immer unseren Zugang zum Himmel gefährden. Doch wir werden zu unserem Schicksal hingezogen wie zu einem Magnet, und wenn auch Ungeheuer uns aufhalten können, so haben sie doch nicht die Macht, unsere Bestimmung zu ändern. Der Weg zu unserer Erlösung wird von Engeln bewacht. Wir werden die Finsternis einer einsamen Existenz kennen lernen, aber einander im Licht eines großen und mitfühlenden Verständnisses wiederfinden. An diesem Ort schließen sich unser beider Lippen zu einem nie endenden Kuss zusammen.

Jeder von uns trägt, eingegraben in sein Herz, Weisungen, die besagen: »Komm nach Hause, komm nach Hause.« Und der geliebte Mensch kommt, um uns zu holen. Wie der Prinz, der kommt, um Dornröschen zu wecken, ist es ein irdischer Prinz, dem eine erhabenere Krone verliehen wurde. Mit seinem Schwert der Wahrheit (seiner Aufrichtigkeit und seinem Mut) und seinem Schild der Tugend (seiner Integrität) durchschneidet er die Dornenzweige, die das Schloss umgeben, und befreit uns aus der Dunkelheit einer Nacht, die schon allzu lange gewährt hat. Aus dem Schlaf erwacht, umarmen wir ihn und gemeinsam betreten wir verzauberte Sphären. Damit ist das Königreich des Herzens wieder zum Leben erweckt und das Leben kann für alle neu beginnen.

Es war einmal vor langer Zeit, da begann in einer fernen Dimension unseres Bewusstseins ein mystisches Abenteuer. Jetzt, Äonen später, fangen wir an, aus einem tiefen, tiefen Schlaf der Trennung und der Schuld zu erwachen. Das Geräusch von Schritten wird hörbar, da der Geliebte sich nähert. Jetzt ist er an unserer Seite und wir erwachen langsam aus der Totenstarre unseres früheren Selbst. Der Geliebte kommt mit einem Trank der Wiedergeburt, in beiden Händen, in jedem Kuss, und unsere Seelen werden in Gott wiedervereint. Wir sind von unseren Alpträumen befreit. Uns ist vergeben und wir sind erlöst. Wir gehen ganz und gar in Liebe auf. Wir sind unsagbar glücklich, weil wir zu Hause sind.

Lieber Gott,
ich bete für meine früheren Geliebten,
die, die mich erwählten, und die, die es nicht taten.
Ich bete für ihr Glück,
für ihr inneres Wachstum und ihr Wohl.
Mögen ihre Herzen mit Licht erfüllt
und ihre Wünsche endlich befriedigt werden.
Mögen sie finden, was sie suchen,
auch wenn nicht ich dieses Ziel sein konnte.
Amen

Zweites Kapitel
Von Weltraumkapitänen und Engeln

Ich kam zu dir, aber du konntest mich nicht sehen. Ich durchschwamm die Meere, ich ging über glühende Kohlen, ich starb tausend Tode für dich. Ich fand meinen Weg, ja, das tat ich. Aber als ich ankam, warst du eingeschlafen. Du hattest ihren Trank zu dir genommen und ich konnte dich nicht wecken.

Ich kam rechtzeitig, doch deine Augen waren geschlossen.

Oftmals beten wir um etwas, verpassen dann aber das Wunder, wenn es tatsächlich geschieht. Viele Menschen haben schon gesagt: »Ich würde so gerne eine große Liebe erleben« und waren blind dafür, dass sie direkt vor ihnen stand. Häufig ist das Problem nicht, Liebe auf sich zu ziehen, sondern vielmehr, Liebe zu *erkennen*. Insbesondere wenn wir sehr lange darauf gewartet haben, spielt uns der Geist zuweilen einen niederträchtigen Streich und richtet es so ein, dass wir sie nicht sehen, wenn sie endlich da ist.

Manchmal kommt die Liebe so, als sei sie ein Raumschiff, das im Garten landet. Der Kapitän steigt heraus und sagt zu uns: »Hallo, ich bin hier, um dich hochzubeamen. Na, komm! Auf geht's!«

Doch oft weisen wir ihn zurück. Wir stottern: »Äh, aber … ich kann nicht so schnell von hier weg. Eigentlich kann ich gar nicht glauben, dass du hier bist. Wie viel Zeit bleibt mir, um meine Sachen zu packen?«

Und er sagt: »Du hast überhaupt keine Zeit. Dein ganzes Leben hast du mit Packen und Vorbereiten verbracht. Jetzt müssen wir schnell aufbrechen. Wenn du zögerst, werden deine Augen sich einstellen und du wirst mich nicht mehr sehen. Ich bin nur für kurze Zeit hier, um dich abzuholen. Du hast höchstens eine Stunde. Alle weiteren Pläne kannst du dann im Raumschiff machen.«

Der Kapitän sieht, dass wir verwirrt sind, doch ihm ergeht es ebenso. »Hast du nicht seit Jahren darauf gewartet?«

»Doch«, geben wir zu. »Hin und wieder. Aber ich habe nicht geglaubt, dass du wirklich kommst ... Inzwischen habe ich mir hier eine Art Leben für mich allein eingerichtet.«

»Kein sehr gelungenes – wenn man nach deinen nächtlichen Gebeten urteilt«, bemerkt er. »Lass uns jetzt gehen, wenn du mitkommen willst. Die Zeit drängt.«

Und dann sagen wir – wenn wir es sagen – das Traurigste, das man überhaupt sagen kann: »Nein, danke.«

Nein, ich kann mich zu diesem Flug nicht entschließen, obwohl ich mich furchtbar danach sehne. Nein, ich will nicht hochgebeamt werden, obwohl mein Leben hier unten die Hölle ist. Nein, ich wähle nicht den Weg der wilden, radikalen und authentischen Liebe, auch wenn ich weiß, dass ich ohne sie sterbe. Ich denke, ich begnüge mich mit dem »Zweitbesten«.

Und warum tun wir das? Warum nehmen wir die Antworten auf unsere Gebete nicht mit offenen Armen auf? Weil wir das, was eines Tages wie eine natürliche Wahl aussehen wird, selbst erzeugen. Die menschliche Rasse macht eine Biegung, und die Menschen, die es vorziehen, die Biegung nicht mitzumachen, werden weiter geradeaus gehen, bis sie von der Klippe, die vor ihnen ist, stürzen.

An Bord jener Raumschiffe sind Engel. Sie erscheinen nun überall, oft in Verkleidung von geliebten Menschen, die eine Fackel in der Hand halten, mit der sie unseren Weg durch die Dunkelheit erhellen. Auf der anderen Seite jener Dunkelheit ist das Licht, in dem Träume wahr werden. Doch gibt es Dämonen in dieser Dunkelheit; wir können sie spüren und sind vor

Angst fast gelähmt. Alle ungeliebten Anteile unseres selbst sind da, hässlich und verzerrt und bereit zu zerstören. Sie leben in der Dunkelheit, auf der anderen Seite des Paradieses. Auch wenn der einzige Weg zum Paradies durch die Dunkelheit führt – und auch wenn das Licht der Fackel, die der Engel trägt, die *Dämonen* verbrennt und nicht uns –, trauen wir dem Ganzen nicht. Ja, wir haben kein Vertrauen. Wir weigern uns standhaft und verbohrt, uns für die Liebe zu entscheiden. Daher sagen wir zu dem Engel: »Nein, geh nur weiter. Ich bleibe hier.«

Der Engel schaut uns ungläubig an; die Weigerung, sich der Ekstase hinzugeben, kennt man im Himmel nicht. Der Raumschiffkapitän traut seinen Ohren nicht, aber auf dem erleuchteten Pfad respektiert man das Gebot der Nichteinmischung und des Respekts für die Entscheidungen eines anderen Menschen. Schließlich kann man niemanden zwingen, ein Raumschiff zu besteigen. Auf den Flügeln eines Engels fliegt man nur, wenn einem ganz ernsthaft etwas daran liegt, den Himmel zu erleben. Und die Verlockungen der Hölle hier sind so groß.

Als das Raumschiff abhebt, wirft der Kapitän einen Blick auf den Engel, der nun wieder an Bord ist, und bemerkt, dass winzige glänzende Wasserrinnsale aus seinen Augen tröpfeln.

Zurück in der Zentrale, berichtet der Engel seinen Vorgesetzten:

»Er hat beschlossen, nicht mitzukommen.«

Der Vorgesetzte sagt darauf nichts und sieht, dass der Engel leidet. Der Engel fährt fort: »Ich kann es kaum glauben. Er hat beschlossen, nicht mitzukommen.«

»Glaubst du, er ist sich darüber im Klaren, was das für Folgen hat?«, fragt der Vorgesetzte.

»Ich weiß nicht«, antwortet der Engel. »Ich glaube, er ist der Meinung, wenn er dort bleibt, verhielte er sich verantwortungsbewusster.«

»Verantwortungsbewusster ... gegenüber wem? Gegenüber was?«

»Ich weiß nicht. Es ist seltsam. Er ist nicht gerade übermäßig glücklich, aber er meint, es sei seine Pflicht, dort auszuharren. Er hat das Gefühl, dass er sich wie ein Erwachsener benehmen muss, und fürchtet, er könne dabei versagen.«

»Ja, natürlich. Nun ja, das haben wir auch zuvor schon oft erlebt. Sie halten sich lieber an die Psychologie als an die Poesie. Wir versuchen immer wieder, das Gelände räumen zu lassen, ehe das Unwetter losgeht, aber die Leute lehnen die Evakuierung ab.«

»Ja.«

»Du hast doch wohl für ihn gebetet?«

»O ja. Mit ganzem Herzen.«

»Gut. Du hast deine Aufgabe gut gemacht. Tut mir Leid, dass dein Herz bei der Mission ein wenig gelitten hat. Dieses Risiko lässt sich nicht vermeiden. So etwas kann natürlich vorkommen.«

»Natürlich.«

»Trotzdem sind sie rührende Wesen. Widerspenstig, aber rührend.«

»Ja.«

Obwohl der Engel in Sachen Liebe geschult war und bereits viele Erfahrungen gesammelt hatte, flossen seine Tränen noch immer.

»Danke für deine Mühe. Du kannst gehen.«

Als der Engel sich umdrehte, weil er weinen musste, rief sein Vorgesetzter ihn zurück. »Wenn dir das ein Trost ist ... vergiss nicht: Du wirst ihn eines Tages wiedersehen.«

»Werde ich das wirklich, Herr? Wirklich?«

»Natürlich wirst du das. In Zeiten wie diesen musst du an deinem eigenen Glauben festhalten. Wie könntest du sie sonst von ihrem überzeugen?«

Viele von uns hätten zwar nichts dagegen, wenn das Raumschiff käme, um sie zu holen, doch sind sie dann bestürzt über seine äußere Gestalt. Wir erwarten, dass Engel anders aussehen. Wir erkennen das Geschenk des Himmels nicht – und wie könnten wir auch, wo wir doch gar nicht wirklich geglaubt haben, dass der Himmel existiert? Wir vermögen oft erst dann zu ermessen, was geschehen ist, wenn es zu spät ist.

Wir hatten gar nicht gedacht, dass die Liebe in Menschengestalt auftreten würde, mit sanften Augen und wunderschönen Händen. Wir fühlen uns abgestoßen von ihrem Beruf oder ihren Sommersprossen oder ihrer Vergangenheit. Wir hatten nicht erwartet, dass die Liebe unsere größten Ängste, Unsicherheiten und Zweifel wachruft. Wir dachten, sie würde uns vor allem unmittelbaren Trost bringen. Und daher wollten wir sie einerseits, andererseits aber auch wieder nicht. Wenn man lange Zeit in einem Kerker gelebt hat, dann tut das Licht, wenn man es endlich sieht, in den Augen weh.

Jesus hat gesagt: »Mache dich bereit, denn wenn ich komme, werde ich eilends kommen.«

Die Ankunft einer seelenvollen Liebe erfolgt oft schnell, wie die des Raumschiffs im Garten. Es bleibt nur wenig Zeit, um sich fertig zu machen, ehe es wieder abhebt – nur eine kurze Chance, die Sekunde eines Wellengangs, dann ist sie vorbei. Es bleibt einem nicht viel Zeit, um seine Sachen zu packen, daher ist es am besten, mit leichtem Gepäck durchs Leben zu reisen. Es bleibt einem auch nicht viel Zeit, um sich zu verabschieden; daher ist es am besten, nicht mit Menschen zu leben, von denen man sich im Grunde schon vor langer Zeit verabschiedet haben sollte. Wir leben in einer Endzeit. Neue Anfänge stehen uns bevor.

Ohne einen anderen Menschen an unserer Seite können wir die Atmosphäre der alten Erde nicht durchbrechen. Es braucht zwei Menschen, um ein Raumschiff zu bilden. Wir können die Energie zum Auftanken des Schiffes nicht aufbringen, ehe wir uns nicht mit dem »Kraftstoff« aufladen, den nur die Liebe verbrennen kann. Wir müssen furchtlos sein, so wie nur die Liebe uns furchtlos machen kann. Wir müssen zärtlich sein, wie nur die Liebe uns zärtlich machen kann. Wir müssen leidenschaftlich sein, wie nur die Liebe uns leidenschaftlich machen kann.

Ein Mann schrieb mir einst: »Ich glaube nicht, dass die Frau, mit der ich zusammen bin, mir irgendetwas geben kann – das, was ich bin, ist das, was ich mir zu sein erlaube, wenn ich mit ihr oder sonst irgendjemandem zusammen bin. Wenn wir uns in puncto Macht, Stärke und Einfluss auf äußere Faktoren verlassen, dann sind wir machtlos.«

Seit wann ist die *Liebe einer Frau* ein *äußerer Faktor?* Hatte jener Mann diesen schrecklichen Irrglauben in einem Wochenendseminar gelernt, einer Brutstätte für aufgewärmte Plattitüden, die zwar der menschlichen Psychologie ein wenig Ehre erweisen, der Macht der wahren Liebe gegenüber jedoch ein bloßes Lippenbekenntnis ablegen? Wie schwach sind wir, wenn wir nicht bereit sind, uns von der Liebe in unseren Grundfesten erschüttern zu lassen? Steckt hinter dieser Auffassung – dass die Liebe einer Frau einen Mann *nicht* verwandeln kann, dass die Liebe eines Mannes eine Frau *nicht* verwandeln kann – wirklich Weisheit? Nein, das ist nicht Weisheit, es ist vielmehr eine Art giftiges emotionales Pestizid, das die Früchte der Liebe tötet. Es ist das Leugnen von tieferen Bereichen des Herzens, ein Sichwidersetzen gegen das Erleben von Freiheit, ein gequältes »*Nein, ich kann nicht mitgehen*« zu jemandem, der gesagt hat: »Komm doch mit mir. Meine Liebe ist der Schlüssel zu der Tür deines Gefängnisses.«

Ist ein Mensch nicht imstande, ein solches Denken zu überwinden, so wird es ihm zur allerschlimmsten Falle. Denn damit entgeht er der Machtlosigkeit nicht, vielmehr schreibt er sie fest. Er programmiert ein kleingeistiges und letztlich ungelebtes Leben vor.

Das Wunder der Liebe kommt durch andere Menschen zum Ausdruck. Wenn Ihnen ein Geliebter von Gott geschickt wird – und nur Ihre innere Stimme kann Ihnen sagen, ob es so ist –, dann hat er den Schlüssel zur Befreiung Ihrer Seele in Händen. Gott hat ihn ihm gegeben. Er enthält in jeder Berührung und jedem Seufzer das Wissen, das Sie brauchen, das wundersame Elixier, das Ihre Schwächen in Stärken verwandelt, das Ihre Tränen trocknet und sie in schöpferische Kraft verwandelt, das Sie von Ihren Ketten befreit und Ihnen ermöglicht, endlich Ihr leidenschaftliches Selbst zu sein. Weh dem, der es nicht versteht, eine solche Liebe mit einem aus tiefem Herzen kommenden »*Ja*« zu begrüßen, der sich nicht beugen kann vor ihrer Wahrheit, nicht demütig sein kann vor ihrer Macht, sich nicht dem tosenden Sturm ausliefern kann, der durch von Liebe getroffene Herzen braust!

Wie tragisch, wenn wir zu arrogant sind, um uns der Liebe zu unterwerfen, um alle kleinlichen Bedenken zur Seite zu schieben und zu sagen: »Ich gehe mit.« Wie dumm, nein zu sagen zu Gottes liebendem Entschluss, den er für uns gefasst hat. Wie traurig, wenn wir so wenig von uns selbst halten, dass wir nicht glauben können, dass der Mensch, der vor uns steht und der von Gott gesandt ist, ein Engel ist, gekommen, um uns Flügel zu verleihen. Wir haben heutzutage so wenig Ehrfurcht vor den Mysterien des Universums!

Doch wenn wir Gott leugnen, dann leugnen wir natürlich auch seine Engel. Und die halten, wie Pietas, die Körper der Geliebten, die wir nicht gewählt haben, in ihren Armen. Engel weinen, weil ihre Herzen nicht verschlossen sind, und ich glaube, dass auch Gott weint, wenn er sieht, dass ein solches Glück abgelehnt wird. Und Sie beten immer noch für das, was Sie bereits bekommen haben, und werden eines Tages begreifen, dass das, was Sie vorübergehen ließen, ein Wunder war, dazu bestimmt, Sie zu heilen! Vielleicht geben Sie es sogar irgendwann zu, aber dann wird es vermutlich zu spät sein.

Engel verweilen nie lange. Sie fliegen weg, wenn die Liebe sie verleugnet. Sie bleiben nicht in den Bereichen der irdischen Furcht. Engel kommen nur, um Fluggäste abzuholen und mit ihnen ins Paradies zu fliegen. Alles andere ist für sie im Grunde sinnlos und traurig.

Es gibt noch etwas, was Sie über den Engel wissen sollten, der zu Ihnen kam. Dieser Engel, der mit Ihnen ins Paradies fliegen wollte, hatte nur einen Flügel. Er brauchte den Engel in Ihnen, damit dieser wachsen und für ihn das sein konnte, was der Engel für Sie zu sein bereit war. Daher Ihr Bedürfnis nacheinander, Ihr Tanz, Ihr Flug. Gemeinsam hätten Sie ein Flügelpaar gehabt.

Vielleicht weisen Sie ihn das nächste Mal, wenn er kommt – ganz gleich, wer er ist – nicht zurück. Wenn er das nächste Mal kommt, seien Sie demütig vor Gott. Wenn er das nächste Mal kommt, geben Sie Ihren Schmerz zu. Wenn er das nächste Mal kommt, lassen Sie Ihren Widerstand fallen.

Wenn er das nächste Mal kommt – seien Sie mutig.

Lieber Gott,
bitte nimm mein Gebet und meinen Dank entgegen
für den Geliebten an meiner Seite.
Möge das, was ich über ihn denke,
möge mein Verhalten ihm gegenüber
für uns beide zum Segen gereichen.
Bitte schenke ihm Freude.
Amen

Drittes Kapitel
Heilige Bindung

Lass mich dir von meinem Glück erzählen. Ich kann nicht anders als lächeln. Ich kann mir einfach keine Sorgen machen. Ich sehe Sinn und Bedeutung in allen Dingen.
Sie sagen, dies ist nicht die Wirklichkeit, behaupten, ich sei besessen, würde mich der Realität verschließen. Aber sie können nicht wissen, wie dein Pferdeschwanz mich entzückt. Und deine Hände. Und deine Intelligenz. Und überhaupt alles, was zu dir gehört ...

Ist Verzauberung nur eine Metapher? Ist sie nur ein emotionaler Zustand, etwas, das einem einen »Kick« gibt, etwas Unaussprechliches und Köstliches, aber nichts, das letzten Endes substantiell oder real wäre? Leugnen oder zweifeln wir die Macht der Verzauberung an, so hindern wir uns daran, uns mystischer Sphären bewusst zu werden. Wir können nur das erleben, was wir willens sind, anzuerkennen. Es gibt keine verzauberte Liebe in einer unverzauberten Welt.

Manche Wissenschaftler glauben, dass die Pyramiden in Ägypten mit Hilfe von Klängen erbaut wurden. Die Macht von Klängen ist – im positiven wie im negativen Sinne – ein noch nicht genügend erforschtes Phänomen. Möglicherweise wendeten die ägyptischen Baumeister Klangtechniken – und dabei auch *Gesänge* – an, um die Grenzen der Schwerkraft zu überwinden. Manche glauben, dass durch das Singen ein Antigravitationsfeld geschaffen wurde, das es ermöglichte, Steine anzuheben, die andernfalls zu schwer gewesen wären.

Wenn Menschen über glühende Kohlen laufen, ohne sich die Füße zu verbrennen, so ist das oft nur möglich, weil viele Menschen sich singend zusammenschließen. Spontane Verzauberung tritt zum Beispiel dann in Kraft, wenn eine Mutter oder ein Vater ganz allein ein Auto hochzuheben vermögen, um ein Kind zu retten, das darunter liegt. Es gibt Sphären des Bewusstseins, in denen das, was wir als »normale« physische, psychische oder emotionale Grenzen ansehen, einfach nicht gilt.

Verzauberung ist eine Macht, die jeder von uns hat; sie gehört zu unserem Geburtsrecht als Kinder Gottes. Sie ist keine unnatürliche Macht, sondern nur eine Erweiterung dessen, was wir für natürlich halten. Eine materialistische Weltanschauung ist mit der Vorstellung von Grenzen verbunden, Verzauberung hingegen ist ein Bereich des Bewusstseins, in dem normale Grenzen verschwinden.

Das Wort *Verzauberung* enthält in manchen Sprachen das Wort *Gesang* z. B. im Englischen: *enchantment – chant*. Wenn wir singen, verändert sich unser Bewusstsein; unendlich viele Möglichkeiten stehen uns nun offen, die sich von denen unterscheiden, die wir sonst als »normale« Erfahrungen bezeichnen. Wenn wir uns verlieben – in einen Mann oder eine Frau, in ein Kind oder auch in eine Idee –, findet eine spontane Verzauberung statt, ein Glück, das uns gehört, *solange wir imstande sind, es festzuhalten*. Wir sind dann verzaubert und wir sind erfreut.

Wir wollen noch ein wenig bei diesen Worten verweilen: Wir sind verzaubert und wir sind erfreut. Der Zauberer in jedem von uns – unsere natürlichen psychischen Kräfte – darf in diesen Zeiten wirken. Die übliche Verleugnung des Magischen, die in unserer modernen, entzauberten Welt für Realismus gehalten wird, ist vorübergehend aufgehoben. Der moderne Geist ist von fremden geistigen Kräften beschlagnahmt worden, die uns unsere magischen Kräfte ausgeredet haben. Heute, zu Beginn eines neuen Jahrtausends, suchen wir nach der Verzauberung, die wir ignoriert und vernachlässigt haben; ja, viele Menschen glauben sogar, dass wir ohne sie nicht mehr lange leben werden. Obwohl man uns jahrhundertelang erzählt hat, Zauberkräfte seien lediglich Gegenstand von Mythen und Märchen, sind wir uns dessen heute gar nicht mehr so sicher. Unser striktes Festhalten am Rationalismus hat weniger zu einer geistigen Verfeinerung, sondern vielmehr zu einer kollektiven Einfalt geführt. Und wir sind nun bereit einzugestehen, dass das, was als Wahrheit gilt, manchmal eher der Fantasie zuzuordnen ist, und das, was die Welt als Fantasie bezeichnet, eine Menge Wahrheit enthält.

In dem Buch *Ein Kurs in Wundern* wird das Licht als »das Verstehen« definiert. Die Welt, wie wir sie kennen, könnte nicht vor der Macht einer menschlichen Rasse bestehen, die sich wieder daran erinnert, wer wir wirklich sind, und ihre spirituellen Kräfte zurückfordert. Der Verschleiß, der durch unsere Achtlosigkeit entsteht, ist – obschon er in den meisten Fällen unbewusst geschieht – enorm. Daher ist das Sichverlieben, wenn es tief und überwältigend ist, ein machtvoller und revolutionärer Akt. *Erfreut* sein heißt *geweckt* worden sein. Lange, lange Zeit haben wir unser spirituelles Erbe vernachlässigt und unsere größte Chance zum Erwachen liegt nun darin, gemeinsam zu erwachen.

Verzauberte Liebe vollzieht sich nicht in den Bereichen unseres weltlichen Denkens, sondern in einer anderen Dimension: auf der dunklen Seite des Mondes. Manche Dinge sieht man besser im Licht und manche besser in der Dunkelheit. Das Wort *okkult* bedeutet verborgen. Etwas Verborgenes ist – im psychologischen Sinne – nicht negativ, sondern lediglich mysteriös; es ist weder für das Auge sichtbar noch für den rationalen Verstand einleuchtend. Gott hat Tag und Nacht erschaffen. Was am Tage verborgen ist, ist nachts oft magisch. Auch die dunkle Seite des Mondes gehört zum Mond.

Wenn wir in unserem täglichen Leben Verzauberung wollen, dann müssen wir seine spirituellen Voraussetzungen kultivieren. Wir müssen lernen, zu geben und zu nehmen, dankbar für Freude zu sein und sie anderen zu schenken, das Magische in den gewöhnlichen Dingen zu sehen und einen günstigen Augenblick als den Schlüssel zur Liebe zu betrachten – denn genau das ist er. Die meisten Menschen sind, wenn sie sich verlieben, durchaus willens zu fliegen, poetisch zu werden, den goldenen Ring der unendlich vielen Möglichkeiten zu ergreifen. Doch wie schnell beschränken sie sich wieder, nachdem sie so aus sich herausgegangen waren, um sich der Beschränktheit einer entzauberten Welt anzupassen. Sie ziehen der Poesie trockene Prosa vor und trockene Prosa ist der Tod der Liebe. Wenn der in der Liebe feige Mensch nach einem Flug durch den Himmel wieder auf die Erde zurückkommt, nimmt er sich vor, das Schiff der praktischen Vernunft und des ewigen Einerlei ja nicht wieder ins Wanken zu bringen. Der Feigling hat keine Ahnung, dass das Schiff selbst untergeht.

Die dunkle Seite des Mondes ist nicht der Feind des Sonnenlichts, sondern sein esoterischer Zwilling. Sie ist der Tanzboden eines erleuchteten Geistes. Eine psychologische Analyse kann seine Macht niemals wirklich auf den Punkt bringen (Goethe hat einmal gesagt: »Zergliedern ist töten«), denn sie vermeidet die Arroganz des bewussten Verstandes. Mit unserem rationalen Verstehen können wir zwar einen Mann auf den Mond fliegen lassen, aber die Liebe zum Fliegen zu bringen kann wesentlich schwieriger sein. Sie reagiert nicht auf unsere ichbezogene Anmaßung, und es gibt keine wissenschaftliche Formel, die sie hervorbringen kann. Die Liebe ist ein Rätsel, an das man mit dem Willen nicht herankommt; am empfänglichsten ist sie für demütige Seelen. Auf eine unerklärliche Weise scheint sie uns die Ehre zu geben, wenn sie selbst bereit dazu ist. Die größte Chance, die Liebe in unser Leben zu »locken«, haben wir, wenn wir beten: »Lieber Gott, bitte mache mich bereit. Mache mich offen und mache mich neu. Zerstöre die Mauern, die mein Herz umgeben.«

Du hast gesagt: Ich weiß nicht, ob wir diesen Zustand bewahren können.

Warum nicht?, fragte ich. Ich konnte sehen, wie du zurückwichst, und das machte mir Angst.

Wir können nicht so sein und trotzdem unsere Rechnungen bezahlen. Wir können nicht so sein und uns gleichzeitig verantwortungsbewusst verhalten. Wir können nicht so sein und ... ich weiß nicht. Ich glaube einfach nicht, dass wir so sein können.

Dann kannst du es eben nicht. Aber ich kann es.

Und dann schwamm ich davon ...

Die Liebesbeziehung ist einer der heiligen Tempel, die die Landschaft des menschlichen Lebens durchziehen. Sie verwandelt und wirkt heilend, wenn man ihr mit Ehrfurcht begegnet, aber sie kann gefährlich sein, wenn man es an dieser Ehrfurcht fehlen lässt. Oft legen wir der Liebe gegenüber nicht genug Demut an den Tag; wir behandeln sie von oben herab, anstatt uns vor ihr zu beugen; wir stellen profane Überlegungen an über das emotionale Bedürfnis, jemanden in unseren Armen zu halten. Und dann klagen wir, das Leben sei so langweilig! Was für einen Preis haben die meisten Menschen bereits bezahlt für ihre oberflächliche Haltung gegenüber der Liebe!

Wie ein Schloss, das von einem tiefen, undurchdringlichen Wald umgeben ist, ist eine verzauberte Liebe ebenso furchteinflößend wie verlockend. Der Wald ist voller Zauberdrachen, die den, der zufällig hindurchspaziert, anfallen. Nicht jedem gelingt es, durch die Schlosstore zu gehen, im Hof des Schlosses zu verweilen und lebend wieder herauszukommen. Nur ein Prinz hat das Format, sich einen Weg durch den Wald zu bahnen und mit all diesen Drachen fertig zu werden. Und selbst wenn er genug Schneid dafür hat, so muss er dennoch die schlafende Prinzessin finden und sie so küssen, dass sie wirklich erwacht. Das kann er nur tun, wenn er sein Schwert und seinen Schild dabei hat. Ansonsten werden die Drachen der Liebe ihn auffressen und wieder ausspucken und die Prinzessin wird – einmal mehr – darum trauern, dass jemand vergeblich versuchte, sie zu retten.

An diesem Punkt befinden sich die meisten Menschen gewöhnlich – Prinzen wie Prinzessinnen –, wenn sie zu einem Therapeuten oder einer Selbsthilfegruppe gehen und Trost suchen, nachdem sie sich eine Zeit lang auf dem Schlachtfeld der Liebe geschlagen haben. Millionen Menschen sind wie naive Soldaten, die zu Beginn eines Krieges fröhlich sangen und gar nicht glauben wollten, dass ihnen besonders schwierige Zeiten bevorständen, dann aber in Leichensäcken nach Hause zurückkehren – das ist die psychische Geschichte unserer Liebe. Dann sitzen wir bei Freunden und Beratern, weinen und jammern: Was habe ich nur falsch gemacht? Niemand hat uns gewarnt, dass wir ein Schwert brauchen würden. Niemand hat gesagt, wir würden einen Schild benötigen. Und niemand hat uns das mystische Grundwissen gelehrt. Ja, in Wirklichkeit wussten wir gar nicht, dass es so etwas überhaupt gibt.

Liebe ist eine Reise für einen Helden und dieser Weg ist ehrenhaft, aber schwierig. Wenn wir dies erkennen und ihn als solchen respektieren, so verleiht das der romantischen Liebe die Erhabenheit und die Macht, die sie verdient. Ein allzu oberflächlicher Geist kann die Liebe zwar vielleicht mühelos anlocken, aber ihm fehlt die emotionale »Muskulatur«, die notwendig ist, um sie festzuhalten. Liebe ist eine Beschäftigung für den Tag und für die Nacht und sie verlangt, dass wir zu Geschöpfen von beiden werden. Jeder Teil unserer selbst kommt ans Licht und wird geprüft, damit wir das, was schwer und niedrig in uns ist, loslassen können und nur auf das Anspruch erheben, was leicht und erhaben ist. Die Liebesbeziehung wird dann zu einem spirituellen Flugkörper, der uns von da, wo wir waren, an den Ort bringt, zu dem wir gehen müssen.

Wo sind wir gewesen? In der Dunkelheit. Wohin gehen wir? Ins Land der Sonne. Intimität greift nach ihrem heiligen Element und bringt Herzen zusammen, um Kraftfelder des Lichts zu bilden, die hell genug sind, um die Dunkelheit der Welt zu vertreiben. Das ganze Menschengeschlecht geht von einer Sphäre in eine andere, und die Liebesbeziehung ist eine unserer Möglichkeiten, uns über die Wasser des Bewusstseins zu dem Land zu tragen, das auf der anderen Seite liegt.

Man kann diesen Weg nicht ohne das Licht Gottes gehen, das uns den Weg leuchtet. Die tiefere Verzauberung der Liebe hat eine heilige Bedeutung, die ihren Freuden und auch ihren Schmerzen einen Sinn gibt. Dieses heilige Verstehen hält unsere Herzen zusammen und stützt uns, so wie wir einander stützen, wenn wir die Stufen zu unserem höheren Selbst erklimmen. Es ist unser Heilmittel, wenn uns das Herz bricht, wenn wir fühlen, dass die »Wehen«, durch die wir unsere eigenen Seelen zur Welt zu bringen versuchen, fast unerträglich sind und dass wir sterben werden, wenn sie nicht bald zu Ende gehen. Unsichtbare Kräfte kommen uns zur Hilfe, während wir uns vom Ich zum Selbst wandeln. Die Liebe tötet all das in uns ab, was abgetötet werden muss, damit etwas Neues entstehen kann. Ohne Gottes Liebe, die uns durch diesen Prozess führt, ist es sehr schwer, dies durchzustehen, sich aus tiefstem Herzen einer intimen Liebesbeziehung hinzugeben, mit der damit verbundenen Macht umzugehen und all das Schmerzliche daran zu ertragen.

Gott schenkt uns neue Augen, neue Ohren, neue Herzen und einen neuen Geist. Und all das brauchen wir, wenn wir lernen sollen, wirklich zu lieben. Die Augen des Körpers zeigen uns wunderschöne Dinge – schöne Gemälde, Körper, Kinder, Natur ... Aber sie sind auch empfänglich für die Listen der Maja, den Trug der Sinne, aus dem das Kaleidoskop der physischen Welt besteht. Eine andere Welt, an die Gott uns überstellt, erwartet uns jenseits aller trügerischen Hoffnungen und Illusionen. Die verzauberte Liebe wird uns dorthin bringen.

Wenn die Liebe ein Vergnügen ist, dann ist sie wunderbar. Wenn sie schmerzt, dann ist sie eine Qual. Wenn sie echt ist, dann ist sie von Dauer. Wenn sie verzaubert ist, dann ist sie ein Wunder. Diese Sphäre lockt im Moment die ganze Welt an und verzauberte Liebende künden mit einem neuen, weisen und unschuldigen Ausdruck in ihren Augen von ihrer Existenz und ihrer Wohnstatt.

Deine Augen sind für mich wie Straßenlaternen. Sie sagen mir, dass ich zu Hause bin. Hier lebe ich, hier bin ich in Sicherheit, ich bin angekommen. Es gibt jemanden, der hier wartet, der mit mir sprechen und mich in den Armen halten wird ... Ich laufe schnell über den Rasen, damit ich die Tür öffnen und sagen kann: »Ich bin daheim«, um deine Augen zu sehen, zu wissen, dass dies die richtige Adresse ist, endlich die richtige Adresse – Gott sei gedankt!

Eine Liebesgeschichte ist ein emotionaler und sexueller Schattentanz, der von unserem wahreren Selbst hinter einem spirituellen Schleier vollführt wird. Dieser Schleier ist keine Illusion, sondern eine fein gesponnene Realität. Innerhalb dieser Realität schwimmen wir alle in einer Art geistigem Fruchtwasser und bereiten uns darauf vor, neu geboren zu werden.

Die Kunst der Liebe ist eine emotionale Geburtshilfe. Wir halten einander fest, wenn wir zusammen ins Licht eines neuen Lebens tauchen, das berauschend und zugleich erschreckend ist. Das Monster in uns kann sehr laut werden, wenn das Röcheln des Todes es ereilt. Genau an dem Punkt, wo das Biest sich in eine Schönheit verwandeln will, sagt ein feiger, uneingeweihter Partner vielleicht: »Diese Intensität überfordert mich. Ich kann das nicht. Ich gehe weg.«

Wir entdecken eine gänzlich neue Dimension des »in guten wie in schlechten Zeiten«. Das Licht der Liebe ist dazu bestimmt, auf die unheimlichen Aspekte unserer selbst zu scheinen, auf jene Stücke der früheren Zerbrochenheit, die unter den Felsen in unserem Innern verborgen liegen. In dem Grab liegen unsere schlafende Energie, unsere Leidenschaft und unsere Liebe – anscheinend tot, aber in Wirklichkeit nur schlafend. Liebe wird kommen, um den Felsen wegzuschieben und von der Auferstehung der geistigen Gesundheit und des Selbst zu künden.

Die Erste, die den auferstandenen Jesus auf der Straße sah, war Maria Magdalena. Von allen Menschen waren ihre Augen am besten auf den Anblick Seines strahlenden Selbst eingestellt. Nicht die seiner Mutter. Noch die seiner Jünger. Noch die seiner Anhänger. Nein – *ihre*. Sie sah ihn zuerst, weil sie ihn liebte. Manche glauben, sie sei seine Frau gewesen. Zweitausend Jahre lang ist ihre Geschichte – in psychologischer Hinsicht – unter Verschluss gehalten worden, da unsere Kollektivseele noch nicht reif dafür ist, das Mysterium ihrer göttlichen Verbindung zu sehen. Doch wenn wir ein romantisches Liebesbewusstsein entwickeln, das auf einer ganz neuen Ebene erleuchtet und gesegnet ist, wird uns ihre Verbindung klarer werden – was er für sie war und sie für ihn ist eine der kosmischen Hieroglyphen, die noch immer nicht entschlüsselt sind.

Teile ihres Mysteriums werden bald verständlich: Wenn ein Buchstabe entschlüsselt wird, dann auch schnell ein zweiter. Wir beginnen das Wort *sehen* (engl. *behold*) zu begreifen. Jesus und Magdalena *sahen* einander. Es gibt kein wahres *Sein* ohne *Halten* (engl. *hold*). Solange wir nicht gelernt haben, einander zu halten, haben wir nicht wirklich gelernt, zu sein.

Zu sagen: »Ich sehe deine Schönheit (oder deine Stärke, oder deinen Mut) bedeutet: »Ich weiß, dass deine Schönheit da ist, da ich sie sehe, auch wenn du selbst sie nicht siehst. Du kannst sie in meiner Gegenwart gefahrlos zeigen, und wenn du es tust, will ich sie halten wie ein kostbares Geschenk, das ich mit Liebe und Ehrfurcht entgegennehme.« Es genügt mir nicht, etwas in dir zu sehen, ich muss lernen, *festzuhalten*, was ich sehe. Solange wir nicht durch die Liebe des Mystischen gesegnet sind, bewegen wir uns unablässig im trostlosen Dasein unserer Verwundung und unseres Schmerzes. Und dann, in einem verzauberten Augenblick, sind wir von unserem alten Ich befreit: Der oder die Geliebte sieht uns und der Tod verwandelt sich zu neuem Leben.

Sie waren böse zu mir. Ich weiß, dass sie's waren. Sie wollten mich umbringen. Ich weiß, dass sie's wollten. Sie denken, ich sei schlecht. Ich weiß, dass sie das tun.

Doch deine Augen sind sogar noch schwerer zu ertragen. Hast du Mitleid mit mir? Nein. Lachst du über mich? Nein. Spottest du über mich? Nein.

Ich habe dich angesehen.

Beruhige dich, sagtest du. Die Vergangenheit ist vorbei und sie war nur ein Traum. Meine Liebe ist hier bei dir und meine Arme sind die Tür. Bleib einfach bei mir. Was sonst?

Aus dem alten Ägypten stammt eine der schönsten Liebesgeschichten der Welt: die Liebesgeschichte zwischen der Göttin Isis und ihrem Bruder Osiris. Als ihr böser Bruder Seth Osiris in einem Anfall rasender Eifersucht tötete, bot Isis all ihre mystische Kraft und die Stärke ihrer göttlichen Liebe auf, um Osiris von den Toten zurückzuholen. So groß ist die Macht, die der Liebe eigen ist: Sie ist imstande, einen geliebten Menschen aus dem Zustand des psychischen Todes zu wecken. In der Nacht ihrer Wiedervereinigung feierten Isis und Osiris den Neubeginn ihrer Liebesbeziehung. Dabei machten sie Liebe und Isis empfing ein wundervolles Kind.

Wie man sich leicht vorstellen kann, raste Seth vor Wut. »Ich muss Osiris noch einmal töten«, dachte er. »Doch diesmal will ich ihn in viele Stücke hauen, sodass meine Schwester ihn nie mehr zusammensetzen kann.«

Daraufhin tötete Seth Osiris ein zweites Mal und diesmal zerstückelte er ihn und verstreute die einzelnen Körperteile in verschiedenen Gegenden Ägyptens. Nur der Penis von Osiris landete woanders – er wurde von einem Alligator verschluckt und sank somit auf den Grund des Nils.

Als es so weit war, gebar Isis ihr Kind, den göttlichen Horus. Seth, der noch immer tobte, trachtete danach, beide zu töten. Isis fürchtete, dass ihr Zusammensein mit ihrem Sohn diesen zu einer leichteren Zielscheibe machen würde, und hielt darum nach einer Ersatzmutter für ihn Ausschau. Doch es durfte nicht irgendeine Frau sein. Nur eine Göttin konnte die göttliche Milch erzeugen, mit der das heilige Kind gestillt werden sollte.

Daher suchte Isis die Göttin Hathor auf und bat sie, den kleinen Horus zu sich zu nehmen und ihn als ihr eigenes Kind aufzuziehen. Künftig wurde Hathor als eine Frau mit Kuhohren abgebildet: als die Göttin, die die Muttermilch für den göttlichen kleinen Horus bereitstellte.

Als Horus das Mannesalter erreichte, geschah etwas sehr Interessantes, das sich stark von dem unterscheidet, was unser westlicher Verstand gewohnt ist: Er trennte sich nicht von Hathor. Er nahm sich keine andere Frau zur Braut. Nein – Hathor selbst *verwandelte sich*. Nachdem sie als seine Mutter fungiert hatte, wurde sie nun seine Frau. *Sie war dieselbe Frau und er brachte allen Anteilen ihres Selbst Achtung entgegen*. Hier gab es keine Spaltung zwischen Maria und Magdalena, keine Dichotomie von Mutter und Hure, keine schamvolle, schuldbesetzte Heranführung an den Sex und an die Frau. Die Göttin behielt ihre vielen Gesichter bei – vom mütterlichen, über das erotische, bis hin zum göttlichen. Weder das Göttinnen-Selbst noch das sexuelle Selbst noch das Mutter-Selbst wurden durch das Vorhandensein der anderen Aspekte herabgesetzt.

Der ägyptische Tempel der Hathor ist für mich als Frau die machtvollste heilige Stätte der Welt. Hier finden wir die Kraft der Hathor in ihrer großartigen weiblichen Herrlichkeit, so strahlend in ihrer Macht, dass sie sowohl Männer als auch Frauen aus den Tiefen ihrer Gebrochenheit und Scham emporhebt. Auch in unserer Zeit gab es Frauen, die die Magie Hathors widerspiegelten. Jacqueline Onassis und Prinzessin Diana fallen mir da ein; bei ihnen bildeten Mutterschaft und Sexualität keinen Gegensatz, sondern sie intensivierten einander wie die Farben einer Perlmutter. Weder machten sie sich zum sexuellen Neutrum, um »gute Mütter« zu sein, noch spielten sie ihre Mutterschaft jemals herunter, um weiterhin sexuell anziehend zu wirken. Beide Frauen vereinigten diese zwei Seiten so mühelos, dass man sich erst wieder ins Gedächtnis rufen muss, was vor ihrer Zeit die Mutterschaft für viele Generationen von Amerikanerinnen bedeutete – nämlich von nun an weniger attraktiv frisiert und gekleidet, ja ganz allgemein weniger verführerisch zu sein. Und neben ihrer sexuellen Attraktivität und ihrer leidenschaftlichen Liebe für ihre Kinder übten beide Frauen einen fast überirdischen Einfluss auf die Herzen und Gemüter von Millionen von Menschen aus.

Hathor musste nicht wählen zwischen wichtigen Aspekten ihres Selbst – und auch Sterbliche sollten nicht dazu gezwungen sein. Denn niemand von uns ist nur sterblich. Die Götter und Göttinnen leben in uns allen – in dem Maße, wie wir in ihnen leben.

Sex, Mystizismus und Mutterschaft bilden eine weibliche Dreieinigkeit. Eine Dreieinigkeit verkörpert die mystische Verbindung zwischen drei Teilen des Universums, die nicht auseinander gehalten werden sollten. Bei Männern wie bei Frauen kommt die Abspaltung von wichtigen Aspekten ihres Menschseins dem Tod ihres Selbst gleich – es sind die Körperteile des ermordeten Osiris, die wiederum im ganzen Land verstreut werden. Die Trennung von Sex und Selbst könnte kaum anschaulicher dargestellt werden als dadurch, dass ein männlicher Penis von einem Alligator verschluckt wird! Osiris wurde buchstäblich zerstückelt, und sein Penis blieb nicht einmal auf dem

Erdboden, sondern sank auf den schlammigen Grund des Unterbewussten. Und liegt er nicht bis zum heutigen Tag dort?

Und da kommen Sie und ich, erwachsene Kinder eines – in spiritueller Hinsicht – barbarischen Jahrhunderts daher, suchen nach Liebe und erwarten, dass sie leicht und mühelos sein wird. Ha! Nichts Missverstandenes ist leicht. Nichts, das nicht schutzlos und ungeschminkt ist, bringt Glück. Nichts Oberflächliches bringt Heilung.

Isis, Osiris und Horus – und auch Seth, fürchte ich – leben alle in uns. Das Weibliche in jedem von uns ist Isis, die Liebe in ihre abgetötete andere Hälfte haucht. Das Männliche in uns ist Osiris, der Noble, Tapfere, der von einer eifersüchtigen Welt in Stücke gerissen wird. Das angstbesetzte Ich in uns ist Seth, der den Drang hat, ein machtvolles, vollkommenes, authentisches Liebeserlebnis zu zerstören. Das erhabenste Potential in uns ist das des Horus, der die göttliche Identität der menschlichen Natur zurückgewinnen will, denn er wurde von einer göttlichen Mutter gestillt, war mit einer Göttin verheiratet und der erste Pharao im Seelenland der Götter.

Die Rolle des Horus ist es, seinen Vater wieder zusammenzusetzen, die Stücke seines verlorenen und gebrochenen Gott-Selbst erneut in uns zu vereinen. Horus ist das Selbst, das sich vollkommen verwirklicht hat und von göttlichen Eltern geboren wurde. Er führt ein Leben in Einheit und Integrität und ist da, um die Kräfte des Universums zu beherrschen und miteinander in Einklang zu bringen. In jeder Phase seines Lebens gibt es eine Frau, die ihn unterstützt und nährt, und er befürwortet es, wenn eine Frau all ihre Aspekte auslebt.

In vielen heiligen Tempeln Ägyptens verunstalteten die frühen Christen Skulpturen und Gemälde von unschätzbarem Wert, die von altägyptischen Handwerkern zu Ehren ihrer Götter geschaffen worden waren. Jede Darstellung eines Gottes, die nicht Jesus Christus verkörperte, wurde als frevelhaft angesehen, die die fanatischen Kopten in den frühen Jahrhunderten des ersten Jahrtausends glaubten, gewaltsam zerschlagen zu müssen. Aber nirgendwo hat sich die Zerstörungswut brutaler und bösartiger ausgetobt als im Tempel der Hathor. Man gestand ihr nicht einmal mehr das Recht zu, in ihrem Tempelraum präsent zu sein. Ihre Entstellung war so nachhaltig und richtete sich so sehr gegen die Frau, gegen jeden weiblichen Aspekt Gottes, dass jeder sensible Mensch, der sich dieser Stätte nähert, ganz unwillkürlich vom Grauen des weiblichen Martyriums erfasst wird. Dieses Martyrium weist eine traurige Kontinuität auf: von Hathors Tempel über die mittelalterlichen Hexenverbrennungen bis hin zu den emotionalen Wunden, die noch immer in uns sind. Wir werden nicht nur von den Männern, sondern von spiritueller Ignoranz gequält. Es ist eine Ignoranz, die dem panischen Schrecken vor den Liebeskräften auf der dunklen Seite des Mondes entspringt.

Doch warte, sagte ich: Woher weiß ich, dass es zu meinem Wohle sein wird, wenn ich mit dir gehe, und dass ich mich selbst nicht verlieren werde?

Hast du schon einmal innegehalten, um dich zu fragen, welche Art Leben du jetzt erträgst? Hast du einmal über den Weg nachgedacht, den ich dich bitte, mit mir zu gehen? Möchtest du wirklich lieber in diesem öden Land bleiben und das Leben nennen?

Nein, nein, nein, du hast mich an meinem wunden Punkt getroffen. Am besten gehe ich dahin zurück, wo ich wusste, was ich zu tun hatte. Danke, dass du mich gerettet hast, aber jetzt, wo ich gerettet bin, glaube ich, ich trete besser den Rückzug an.

Das tat ich und jetzt suche ich dich, aber alles, was ich finden kann, sind deine Augen am Himmel – an manchen Tagen, unter bestimmten Bedingungen. Und wenn sie mir auch keinen Vorwurf machen, so scheinen sie mich doch genauso zu vermissen, wie ich dich vermisse.

Heute, zu Beginn des einundzwanzigsten Jahrhunderts, erhebt sich die Göttin, um die abgestumpfte Seele des modernen Bewusstseins wiederauferstehen zu lassen. Die Liebesbeziehung ist eines ihrer Elemente, so wie es zu ihren besonderen Talenten gehört, einem zerstörten, liebenden Menschen Leben einzuhauchen. Es gibt einen ewigen Tempeltanz, ein romantisches *Ballet à deux* der Herzen, in dem Osiris sich Tag für Tag, Nacht für Nacht, überall in der Welt danach sehnt, neues Leben zu empfangen, und Isis sich danach sehnt, es zu geben. Mitten im Krieg, mitten im Leiden, in unserem Ehebett, ja sogar auf unserem Totenbett strecken wir die Hände nach einander aus und sagen: »Ich liebe dich so sehr.«

Das ist viel mehr als ausgiebiger Sex im Urlaub, als ein unvergesslicher Abend oder ein Machtkampf zwischen romantischen Partnern. Eine heilige Liebesbeziehung ist ein Ruf der Seele, ein Versuch, trotz allem am Leben teilzuhaben. Es ist nichts weniger als ein Auftrag von Gott. »Ich habe jemanden erwählt, um dich zu heilen«, sagt er, »und ich habe jemanden erwählt, den du heilen sollst. Geh in den Tempel und enthülle deine Wunden. Hab keine Angst. Mein Geist wird euch beide heilen. Gemeinsam werdet ihr neues Leben erhalten.«

Komm mit mir runter zum Fluss, sagte ich. Ich will dich in dem, was ich weiß, baden.

Und dann wirst du nie mehr weinen. Du wirst sehen, wo deine Träume nur Träume sind, und gemeinsam werden wir das Land des Erwachens besuchen. Ich werde dir einen Diamanten schenken, den du auf deinem Herzen tragen kannst, und er wird für alle Zeiten in dir funkeln. Ich werde dir einen Kuss geben, der in deinem Mund bleiben wird, und je mehr du sprichst, desto mehr wird er dir Glück bringen.

Dann wirst du eine Göttin sein. Jahrtausendelang werden sie deinen Namen verkünden. Durch alle Zeiten hin-

durch werden sie wissen, dass du mich aufgehoben hast, als ich tot war und dachte, mein Tod sei ein unabänderlicher Zustand. Du hauchtest meinem Geist neues Leben ein, denn nur du warst klarsichtig genug, um zu glauben, dass so etwas möglich sei. Dafür gab ich dir mein Herz – und siehe, nun leben wir beide.

Von hier an gibt es einen neuen Horizont. Wenn ein Mann oder eine Frau je dahinter versinken sollten, wenn sie sich gegenseitig nicht erreichen können, müssen sie nur unseren Namen rufen. Und die Macht unserer Liebe wird sie erreichen. Wir werden sie aufheben und zu einem Geschöpf machen, so wie du und ich diese Nacht eins sind. Halte dich an mir fest, so wie ich mich an dir festhalte. Gemeinsam werden wir die zerbrochenen Teile der irregeleiteten Welt zusammenfügen. Und wir werden ewig so leben.

Wir werden ewig leben ...

Lieber Gott,
möge der Mann, mit dem ich zusammen bin,
seine innere Größe entfalten.
Möge die Frau, mit der ich zusammen bin,
ihre Herrlichkeit und ihre Freude entfalten.
Mögen wir unser gebrochenes Selbst
hinter uns lassen
und zum Licht kommen.
Heile unsere Wunden
und segne unsere Träume.
Gott, ich danke Dir.
Amen

Viertes Kapitel
Die Gaben miteinander teilen

Mein Liebling, lauf nach Hause und sag deiner Mutter, dass du mit mir fortgehen wirst. Sag ihr, sie soll deine Sachen zusammenpacken, denn da, wo wir jetzt hingehen, kann es sehr kalt werden.

Nun geh und beeil dich, denn wir dürfen nicht länger säumen. Es ist schon spät und unsere Träume warten schon.

Ich halte deine Träume ganz nahe an meinem Herzen und ich hoffe, dass du meine hältst.

Der sterbliche Geist konzentriert sich auf das Physische, der göttliche Geist konzentriert sich auf das Spirituelle. Der sterbliche Geist glaubt an Grenzen, der göttliche Geist an die Grenzenlosigkeit. Der sterbliche Geist glaubt an Schuld und Irrtümer, der göttliche Geist glaubt an Vergebung und Unschuld. Die Entscheidung, mit welchem Geist wir denken wollen, ist ausschlaggebend dafür, ob wir in einer himmlischen oder einer höllischen Beziehung leben.

Der sterbliche Geist fragt: »Was bekomme ich hier?« Der göttliche Geist fragt: »Was kann ich hier geben?« Der sterbliche Geist fragt: »Warum ist die Beziehung nicht so oder so?« Der göttliche Geist fragt: »Welche Gabe kommt hier zum Tragen? Welche Bedeutung hat diese Liebe?« Der sterbliche Geist sagt: »Soundso hat dieses oder jenes falsch gemacht.« Der göttliche Geist sagt: »Ich möchte mich auf das Licht in den anderen Menschen konzentrieren, damit ich das Licht in mir selbst erlebe.«

Da der sterbliche Geist an begrenzte Ressourcen glaubt, führt er uns zu einem selbstsüchtigen Denken und Handeln. Das wiederum zerstört Beziehungen.

Es ist der göttliche Geist, der unseren Weg zur wahren Intimität erhellt, der uns zu den Gedanken und Gefühlen und Wahrnehmungen führt, die unsere Herzen wirklich mit den Herzen anderer Menschen verbinden. Zum Beispiel macht er uns zu Gebern und nicht zu Nehmern, und wir können nur das behalten, was wir verschenken. Liebe führt uns zu spiritueller und emotionaler Großzügigkeit, ohne die es keine wahre und tiefe Verbindung gibt, sei sie mystischer oder anderer Natur.

Ich arbeitete einmal mit einer Gruppe von Teenagern: Wir saßen in einem kleinen Kreis zusammen. Ich leitete eine Übung, in der jeder Teilnehmer in der Gruppe herumging und seine größten Träume mitteilte. Danach wurden alle im Kreis angehalten, den jeweiligen Traum aktiv zu unterstützen. Zu Beginn der Übung spielte sich Folgendes ab: Michael berichtete, sein größter Traum sei es, ein bedeutender Künstler zu werden. Danach bat ich Shelly, ihn in seinem Traum zu bestärken. Sie schaute mich, nicht Michael, an und sagte: »Ja, ich glaube, Michael könnte ein großer Künstler werden. Er zeichnet sehr gut.«

Ich korrigierte sie: »Nein, Shelly, sieh Michael dabei an. Schau ihm in die Augen. Sprich ihn direkt an. Sag ihm, du findest, dass er Talent hat, und sag ihm, du glaubst, dass er einmal ein großer Künstler wird.«

»Michael«, sagte sie und schaute nun in seine Richtung, wich aber noch immer seinem Blick aus. »Ich finde, du bist ein wirklich guter Künstler. Ich glaube, eines Tages wirst du berühmt sein.«

»Das reicht noch nicht, Shelly«, erklärte ich. »Es ist deine Aufgabe, ihn zu *überzeugen*. Wenn man den Traum eines Menschen unterstützt, so gehört auch dazu, dass man ihm hilft, sich selbstsicher zu fühlen.«

»Michael«, sagte sie in einem neuen Anlauf, »ich bin absolut sicher, dass du eines Tages ein großer Künstler sein wirst. Deine Bilder sind wahnsinnig gut. Ich mag sie sehr. Eines Tages wird die ganze Welt sie lieben.«

»Viel besser, Shelly«, bekannte ich. »Aber das Leben ist hart und vermutlich braucht er noch ein wenig mehr moralische Stärkung. Warum sollte er dir glauben?«

»Bitte glaube, was ich dir da sage, Michael«, bat sie ihn und schaute ihm jetzt in die Augen, als sei das schon von Anfang an selbstverständlich gewesen. »Denn ich weiß, dass es wahr ist.«

»Shelly«, sagte ich, »wo ist Michaels Traum?«

»In seinem Herzen«, antwortete sie und sah mich dabei an.

»Wo sonst noch ist sein Traum jetzt, Shelly?«, fragte ich sie. »Ist er noch irgendwo anders?«

»Ich denke, er ist in meinem Herzen«, sagte sie.

»Dann sag *ihm das.*«

»Ich halte deinen Traum in meinem Herzen, Michael.« Auf ihrem Gesicht war jetzt ein seliges Lächeln und sie hielt seinem Blick stand.

»Sag ihm, dass er dort gut aufgehoben sein wird, Shelly.«

»Dort wird er gut aufgehoben sein. Ich verwahre ihn für dich«, versicherte sie. »Du brauchst dir keine Sorgen zu machen. Ich bin deine Freundin und halte deinen Traum fest.«

Ich schaute zu Michael hinüber und sah, dass er weinte. Fast hätte ich auch geweint, als ich daran dachte, durch wie viel Schmerz ich hatte gehen müssen, ehe ich es verstand, den Traum eines Mannes festzuhalten.

Doch es ist schwer, sich jemandem zu öffnen, wenn man nicht einmal sich selbst gegenüber offen sein kann. Wie kann man etwas geben, wenn man nicht wirklich davon überzeugt ist, dass man etwas Kostbares zu geben hat? Wie kann man andere an seinem Licht teilhaben lassen, wenn man nicht wirklich glaubt, dass man Licht in sich trägt? Aber das Licht in uns ist das Licht Gottes, und es ist da, weil er es dort hineingelegt hat. Ein Mangel an Selbstachtung zeichnet sich eher durch Arroganz als durch Bescheidenheit aus und unterstellt, dass Gott etwas Minderwertiges geschaffen hat.

Eine geringe Selbstachtung beruht auf einer irrigen Einschätzung. Wir sind im Geist alle eins und dadurch sind wir in unserem Wesen gleich. Unser spirituelles Wesen und die Gleichheit, nicht unsere Unterschiede bilden die Basis für wahre Selbstachtung und auch für unsere Achtung den anderen gegenüber. Gott wohnt in uns allen. Wie kann man da nicht lieben?

Das bedeutet – unter anderem –, dass wir alle viel zu geben haben. Tatsächlich haben wir gerade erst begonnen, unser unendlich reiches Potential ansatzweise zu erschließen. Wir alle sind wie Wasserhähne, durch die göttliches Wasser in Strömen fließt. Und Gottes Gaben strömen nicht nur in jedem Augenblick in uns hinein, sondern auch *durch* uns *hindurch*; sie trachten danach, die ganze Welt zu reinigen und zu nähren. Wir hemmen diesen Fluss, wenn wir glauben, wir hätten nichts zu geben. Es ist das Wasser, nicht der Hahn, auf den es letztlich ankommt. In jedem Augenblick, in dem wir wünschen und bereit sind, einem anderen zu dienen, wird der Wasserhahn auf wundersame Weise angestellt. Wenn wir beten: »Lieber Gott, bitte lass mich von Nutzen sein«, dann wird dies auch geschehen. Und es ist nicht an uns, über die Bedeutung oder den Wert unserer Gaben zu urteilen. Unsere Aufgabe ist es, den Weg dafür zu bereiten, uns dem Geist zu unterwerfen, der in uns wirkt, und zu offenen Kanälen für Gottes strömende Liebe zu werden. Das ist es, was Jesus meinte, als er uns aufforderte, wir sollten wieder wie die Kinder werden: Es gibt eine Unschuld und eine Anmut, die auf natürliche Weise alle Dinge in Harmonie und Gleichgewicht bringen. Finden wir diesen Ort durch Andacht und Meditation und durch unablässige Übung, so werden wir von einer Energie beseelt, die friedlicher und strahlender ist, als der ichbezogene Geist es sich auch nur vorzustellen vermag. Diese Energie lebt nach ihren eigenen Gesetzmäßigkeiten und bringt uns dazu, es ebenso zu tun. Wir werden von ihrem Licht mühelos zu immer höheren Stufen der Entfaltung geführt. Wenn wir uns von einer höheren Macht leiten lassen, dann kommen Pläne und Strukturen zum Vorschein, die das geringe Vorstellungsvermögen unserer sterblichen Gemüter weit übersteigen.

Ein Mann sagte einmal zu mir: »Aber wie würde ein Zusammenleben von uns aussehen?« Ich konnte ihm nicht in einer Weise antworten, die der damals üblichen Auffassung vom Zusammenleben entsprochen hätte. Wenn es der Liebe gestattet wird, verbindet sie die Energien von Menschen so, dass ihr Leben zu einer Form der göttlichen Rechtsordnung erhoben wird, in der direkt vom Herzen Gottes neue Ideen und neue Chancen zur Entwicklung ausgehen.

Es ist unsere Aufgabe, diesen Prozess nicht scheitern zu lassen.

Einmal aß ich mit einem sehr erfolgreichen Freund zu Mittag, der auf einen Besuch in meine Stadt gekommen war. Ich fragte ihn: »Was machst du heute Abend?« »*Nada*«, antwortete er in einem Tonfall, der besagte: »Ich würde aber gerne etwas unternehmen!«

»In der Kirche spricht heute Abend eine Frau über Beziehungen«, verkündete ich. »Sie ist wirklich gut. Hast du Lust hinzugehen?«

»Ja, gerne!«, antwortete er.

Ungefähr eine Stunde später hatte ich mehr von seinem Leben erfahren. Nach äußeren Maßstäben war es ein erfolgreiches Leben. Nach und nach begann ich zu zweifeln, ob mein Angebot seinen Ansprüchen genügen würde.

Schließlich sagte ich zu ihm: »Hör mal, ich will dich nicht wieder ausladen, aber ich weiß wirklich nicht, ob dir dieser Vortrag gefallen wird. Ich bin mir nicht sicher ... ich meine ... Natürlich könnte ich dir jemanden schicken, der dich abholt. Ich selbst könnte dich nicht abholen, aber jemand anderes könnte es tun, und selbstverständlich kannst du jederzeit hinausgehen, wenn es dich nicht mehr interessieren sollte. Ich meine, äh, ich hätte zwar gerne, dass du neben mir sitzt, aber falls du dann doch hinausgehen solltest ...«

Bla bla bla bla bla bla.

Natürlich entschied er sich daraufhin, mit Freunden zu Abend zu essen und ins Kino zu gehen, und ich hörte mir den Vortrag in der Kirche an. Es stellte sich heraus, dass er sich ganz und gar auf die Probleme bezog, mit denen mein Freund sich gerade beschäftigte. Er hätte ihm große Freude bereitet. Ich hatte ihm die Gaben vorenthalten, die versucht hatten, ihren Weg zu ihm zu finden – indem ich meine eigenen herabwürdigte.

Am nächsten Abend sah ich ihn wieder und sagte zu ihm: »Ich hätte dich gestern Abend ›entführen‹ und doch zu diesem Vortrag mitschleppen sollen.«

»Ich weiß«, sagte er. »Ich habe es gespürt.«

Aus diesem Erlebnis habe ich etwas gelernt. Mein vorübergehender Mangel an Selbstachtung, der auf den außergewöhnlichen Erfolg zurückzuführen war, den mein Freund im Leben hatte, hatte mich daran gehindert, die Wahrheit zu erkennen: dass nämlich alle Gaben gleich wertvoll sind, da sie mit der materiellen Welt nichts zu tun haben. Ich diene der Welt nicht durch falsche Demut. Ich diene der Welt am besten, wenn ich demütig akzeptiere, dass Gott mich als Werkzeug benutzt, weil Gott jeden und alles benutzt, was dem Prozess der universellen Heilung dient. Uns werden unablässig die Gaben angeboten, die wir am notwendigsten brauchen. Wir empfangen unsere Gaben, indem wir sie schenken – und das können wir nicht tun, wenn wir ihren Wert ständig anzweifeln.

Es gibt einen Gesamtplan der Vollkommenheit im Universum, und wenn wir meinen, wir hätten nicht teil daran, so beeinträchtigt dies seine Entfaltung.

Die Herausforderung unserer Generation besteht darin, vom *Ich* zum *Wir* zu gehen. Das ist die Reife, die wir erlangen, wenn wir lernen wollen, einander von einer heilsamen und heiligen Warte aus zu lieben. Narzisstische Menschen sind einsam.

Narzisstische Menschen verstehen Unabhängigkeit falsch; sie halten ihr Festhalten am Alleinsein irrigerweise für psychische Gesundheit. Eine meiner Bekannten erzählte mir einmal, sie sei tief berührt von einem Mann, dem sie vor kurzem begegnet war und der in einer anderen Stadt lebte. Obwohl sie sich noch nicht lange kannten, fühlte sie in ihrem Inneren, dass sich etwas ganz Besonderes zwischen ihnen ereignet hatte, ein romantischer Zauber, den es sehr selten in ihrer beider Leben gegeben hatte.

Als ich sie einige Wochen später wiedersah, fragte ich sie, wie es ihrer Beziehung gehe. »Es gibt gar keine«, berichtete sie mir. »Ich meine, ich habe ihn eben nur getroffen. Ich glaube, er ist ein wunderbarer Mensch und wir haben einander auf eine wahnsinnig hohe Ebene gehoben. Aber ich kann wichtige Entscheidungen meines Lebens nicht *auf so etwas* gründen.«

Ich reagierte zögernd. »Ich hätte schwören können, dass das möglich ist. Sollen wir unsere Lebensentscheidungen auf etwas weniger Wichtiges gründen?«

Daraufhin führte sie nun die folgenden Ausreden an, weshalb sie nicht mit diesem Mann zusammen sein könne: Erstens lebte er in einer anderen Stadt (als gäbe es keine Flugzeuge); zweitens würde ein anderer Mann, der an ihr interessiert sei, vielleicht in die hiesige Stadt ziehen, um mit ihr zu leben (obwohl sie behauptet hatte, sie liebe ihn gar nicht); und drittens wusste sie nicht, ob sie, wenn sie sich mit diesem neuen Bekannten liierte, ihre berufliche Karriere weiterverfolgen könnte. Während ich ihr zuhörte, musste ich immer wieder denken, wie wenig diese Frau doch bereit war, nach der Liebe zu greifen.

Sie war wie ein Mensch, der morgens aufwacht und an seinem Bett ein Frühstückstablett, die Morgenzeitung, ein gutes Buch, ein Telefon und eine Fernbedienung für den Fernseher vorfindet. Alles ist da. Irgendwann, wenn er Lust dazu hat, wird er die Hand nach einem dieser Gegenstände ausstrecken.

Für sie war eine Liebesbeziehung mit diesem Mann einfach nur etwas, das herumlag, wie eine Zeitung oder ein Buch, die sie sich nur zu nehmen brauchte. Sie konnte, wenn sie wollte, danach greifen, aber im Grunde hatte sie nicht wirklich diese Absicht. Ihre Lebenserfahrungen hatten sie nicht gelehrt, dass Liebe unendlich wichtiger ist als ein Frühstückstablett, ein Telefon, eine Zeitung, ein Buch oder ein Fernseher. Ihr Herz sagte ihr zwar, dass dies der Fall war – das erkannte ich daran, wie sie ihre Gefühle beschrieb –, aber unsere moderne Kultur hatte ihr eingeredet, dass sie neurotisch wäre, wenn sie sich davon leiten ließe, dass eine Karriere wichtiger sei als eine leidenschaftliche Liebe und dass es von Ernsthaftigkeit und Reife zeuge, wenn man materielle Überlegungen über die Liebe stelle. Es war ihr gar nicht in den Sinn gekommen, dass die Stimme des Herzens die Stimme Gottes ist.

Zögernd fragte sie mich, was ich dächte.

»Ich weiß nicht recht, ob du das wirklich wissen willst«, antwortete ich.

»Doch, das möchte ich schon«, erwiderte sie lachend.

Ich machte eine Pause und dann sagte ich: »Ich denke, du wertest dich selbst herab. Jobs, Wohnungen, Geld, ja sogar Sex kommen und gehen, aber Liebe ist wie ein Zaubervogel. Und sobald er wegfliegt, hast du absolut keinen Einfluss darauf, ob und wann er je zurückkehren wird.«

»Es überrascht mich, so etwas ausgerechnet von dir zu hören«, sagte sie leise. »Du bist selbst eine Karrierefrau. Offenbar hast du deiner Karriere Vorrang gegeben.«

»Das stimmt nicht«, widersprach ich. »Vielleicht wirkt es auf dich so, aber ich glaube, wenn ich meiner Karriere Vorrang geben würde, wie du meinst, dann wäre es damit nicht weit her. Wenn mein Herz spricht, dann versuche ich, darauf zu hören. Warum sollte ich meinem Herzen auf jedem anderen Gebiet größte Bedeutung beimessen, nicht jedoch da, wo es um Beziehungen geht? Ich glaube nicht, dass die Liebe zu einem

Mann weniger bedeutsam ist als die Liebe zu irgendetwas anderem. Ganz sicher gehören Beziehungen zum Erdenplan Gottes! Und alles in unserem Leben ist besser, wenn es von Liebe beseelt wird.«

Ich war auch einmal wie diese Frau gewesen und hatte gedacht, die Liebe und Gott lebten in verschiedenen Teilen des Universums. Doch hatte mein Geist damit nur auf heimtückische Weise versucht, meine Beziehungen von Gottes Händen fern zu halten.

Ich dachte, meine Sehnsüchte nach Liebe verdienten weniger Beachtung als meine Sehnsucht nach beruflichen Erfolgen. Viele Frauen meines Alters wuchsen mit der verschrobenen Vorstellung auf, Männer und das Gebären von Kindern seien zweitrangige Ziele. Was sind wahre Liebe und das Wunder, Leben zu schenken, neben dem Kick, den es Ihnen verschafft, wenn Sie Ihren ersten glänzenden Geschäftsbericht abliefern?

Wir sind so einfältig.

Man hat uns beigebracht, Dinge anzustreben, die wir kontrollieren können. Doch die Liebe steuert *uns* – nicht umgekehrt. Die meisten Menschen – Männer wie Frauen – haben Angst davor, ihr Herz mit einem anderen verschmelzen zu lassen. Wir behaupten zwar, wir würden uns nicht davor fürchten, doch in Wahrheit ist das sehr wohl der Fall. Selbst wenn wir in einer Beziehung leben, weichen wir ihrer mystischen Macht aus. Wir degradieren den Geliebten zum Zimmergenossen, Butler oder Dienstmädchen. Wir vermeiden das wahre Licht, das den Kern der romantischen Leidenschaft bildet. Wir haben Angst, sie könne uns verschlingen.

Und das zu Recht, denn das würde sie tun – und tut es! Das spirituelle Ziel der Liebe besteht ja darin, unser Gefühl der Getrenntheit zu überwinden. Die Alchemie der Liebe verwandelt das Kleine in das unendlich Große. Eine verzauberte Liebesbeziehung ist ein Feuer, das unser Gefühl des Andersseins verbrennen soll – das Gefühl, anders als andere Menschen und

Gott selbst zu sein. Viele Menschen sagen jahrelang: »Ich verliere mich zu sehr in anderen Menschen. Ich muss mich aus Beziehungen heraushalten.« Und oft stimmt das auch. Aber nach einer gewissen Zeit wird dieser Gedanke zu einer »vernünftigen« Rechtfertigung, um der Liebe gänzlich aus dem Weg zu gehen. Es kommt der Tag – nachdem wir uns innerlich entwickelt haben und wissen, wer wir sind –, wo viele von uns nur allzu froh sind, ihr Getrenntsein aufgeben zu können. Widersteht man der Intimität aus Angst, man könne dadurch in die Gefahr der Koabhängigkeit oder Verstrickung geraten, ist das ungefähr so, als wenn man dem Essen widerstände, weil man Angst hat, dick zu werden. Und das ist, wie wir wissen, nicht Klugheit, sondern das Zeichen einer schweren Störung. Hat man seine eigene Identität aufgebaut, so muss man auch zulassen können, sie wieder zu verlieren. Anderenfalls kann man die Liebe niemals kennen lernen.

Lieber Gott,
ich fühle, dass ich, wenn ich diesen Menschen liebe,
alles, was ich habe, verlieren könnte.
Ich habe keine Ahnung, wohin diese Liebe mich führen wird,
und in seiner Gegenwart
ist mir das auch ganz gleich.
Zeugt es von Stärke oder Schwäche,
Vertrauen in dieses Gefühl zu haben?
Erleuchte meinen Geist und mein Herz,
lieber Gott,
denn mein Schiff hat sich auf dem Meer verirrt.
Amen

Eine Karriere können Sie kontrollieren. Die Liebe nicht. Das sind erschreckende, aber auch wunderbare Neuigkeiten, sobald man sie einmal in ihrer Komplexität verstanden hat.

Intimität ist deshalb so wichtig, weil sie uns zwingt, unser Gefühl des Getrenntseins aufzugeben – nicht in einer neurotischen, sondern in einer aufgeklärten Weise. Ich verstehe, warum Frauen die Bedingungen ihrer Partnerschaften nach Jahrhunderten institutionalisierter Unterwerfung völlig neu aushandeln mussten, aber an einem bestimmten Punkt müssen wir uns gefühlsmäßig wieder öffnen, um den Männern zumindest eine Chance zu geben, es richtig zu machen. Sowohl Männer als auch Frauen bemühen sich heutzutage sehr, ihre Partnerschaft zu überdenken, neu zu definieren und zu gestalten.

Früher dachte ich – und sehr viele Frauen, die ich kenne, dachten ebenso –, dass ich wichtigere Dinge zu tun hätte, als einen Mann zu lieben. Für mich bedeutete die Hingabe an einen Mann, dass ich mich selbst aufgeben musste, damit er glänzen konnte. Ich weiß, dass es Männer gibt, die sich in einer Partnerschaft tatsächlich so verhalten würden, aber es werden immer weniger. Wir leben in einer gänzlich neuen Welt, mit neuen Chancen für Harmonie und Gleichheit.

Jeder, ob Männer, Frauen oder Kinder, durchlaufen – als Individuen oder als Gruppe – ganz bestimmte Entwicklungszyklen und -rhythmen. Ob eine Phase physisches Wachstum bedeutet, wie bei der körperlichen Entwicklung des Kindes, oder das neue Bewusstsein einer ganzen Gattung – es gibt eine evolutionäre Notwendigkeit, sich zu einer immer höheren Ebene des Guten hin zu bewegen.

Die Zeiten, in denen wir leben, sind wie eine Art weltweiter Menopause, mit Hormonschwankungen und Chaos und Sehnsüchten, die sich überall Bahn brechen. »Ich bin nicht der/die, der/die ich früher war, aber wer bin ich dann?«, steht in Rot über fast jedem Event. Und jeder kämpft darum, die Antwort zu finden.

Wir Frauen haben viel gekämpft, damit wir wie Schmetterlinge aus dem Kokon kriechen konnten, in den man uns in den vergangenen Jahrtausenden hineingezwungen hatte. Der Weg zu unserer Selbstverwirklichung – unsere Erhebung aus den Trümmern der früheren körperlichen, geistigen und emotionalen Unterdrückung – ist ganz eindeutig eines der wichtigsten Ereignisse der modernen westlichen Zivilisation. Millionen von Frauen haben daran gearbeitet, dass wahre weibliche Macht und Herrlichkeit zutage treten konnten – wenn sie auch nicht leicht zu erlangen sind und nur selten ganz zur Entfaltung kommen.

Aber wer Hunger hat, dem fällt es schwer, sein Essen zu teilen. Wenn wir selbst bedürftig sind, werden die Bedürfnisse der anderen immer an letzter Stelle kommen. So ist es vielleicht kein Zufall, dass Frauen, die so lange gedarbt haben und nun endlich das Gefühl, zumindest teilweise gesättigt zu sein, erleben, anfangen zu sehen, dass auch die Männer um sie herum in emotionaler Hinsicht hungern. Sie hungern – unter anderem – nach unserer Aufmerksamkeit und Anerkennung. Isis sagte nicht zu Osiris: »Bleib doch da unten! Was kümmert mich das.« Männer wie Frauen haben das Bedürfnis, *wachgerufen* zu werden.

Es ist verständlich, dass wir Frauen den Männern unsere Anerkennung eine Zeit lang vorenthielten; wir mussten erst einmal die aufgestaute Wut von Jahrtausenden loswerden, und während wir diesen Prozess durchliefen, waren wir nicht gerade in sanftmütiger Stimmung. Doch nun gibt es eine neue Annäherung zwischen den Geschlechtern, da wir uns auf einer höheren Stufe gegenseitiger Achtung befinden und einander mehr brauchen als je zuvor. »Ich kann ohne dich nicht weitergehen«, ist zuerst nur ein vages Gefühl, das wir uns nicht recht einzugestehen trauen. Doch sobald wir wissen, dass uns dadurch keinerlei Gefahr droht, genießen wir es. In einem gewissen Sinne kann eine Frau kein neues Leben empfangen – sei es ihr eigenes oder das eines Kindes – ohne den Beitrag eines Mannes und auch er kann sich ohne sie nicht fortpflanzen. Die Natur hat unsere vollständige wechselseitige Abhängigkeit gewollt. Das ist – wenn wir es mit verzauberten Augen betrachten – kein Fluch, sondern ein Segen.

Wenn Sie zu einem Mann sagen: »Ich brauche dich« und er Sie daraufhin erschrocken ansieht, dann ist er eindeutig nicht für Sie geschaffen. Aber wenn Sie zu einem Mann sagen: »Ich brauche dich« und er Sie daraufhin amüsiert ansieht – da er weiß, dass auch Sie wissen, dass Sie ihn nicht wirklich *brauchen*, er aber dennoch sehr davon angetan ist, dass Sie das sagen, weil ihm klar ist, *wie* Sie es meinen – dann würde ich Ihnen vorschlagen, eine Weile bei ihm zu bleiben.

Lieber Gott,
bitte beschütze und nähre
meinen Geliebten.
Umgib ihn mit Deiner Macht und Gnade.
Mache den Weg frei, auf dem Du ihn gehen lässt,
und leicht erreichbar die Ziele, die Du in seinem Leben vorgibst,
und weich das Kopfkissen, auf dem er ruht.
Benutze mich als Werkzeug, damit ich ihm das Leben verschönern kann.
Amen

Ich verstehe, dass es Männer in den vergangenen dreißig Jahren nicht gerade leicht hatten. »Nein, ich brauche dich nicht zum Öffnen der Wagentür.« (Heißt so viel wie: »Du Trottel.«) »Nein, ich habe dich nicht gebeten, meine Angelegenheiten zu regeln, ich werde dir nicht erlauben, mich zu beherrschen, und du tust besser daran, es gar nicht erst zu *wagen*, an mein emotionales oder materielles Inventar zu rühren.« (Heißt so viel wie: »Ich schneid dir deine edelsten Teile ab, wenn du es je versuchen solltest.«) »Nein, ich will deine Bemühungen, die Dinge besser zu machen, nicht, denn ich bin sicher, dass das nur wieder einer deiner patriarchalischen, anmaßenden, chauvinistischen Pläne ist, der sich als Lösung ausgibt.« (Heißt so viel wie: »Begreife gefälligst, dass ich dein ganzes Geschlecht widerwärtig finde.«)

Und viele dieser armen Kerle verstanden das sehr gut. Sie konnten die Destruktivität, die brutale Schattenseite der männlichen Persönlichkeit ebenso sehen wie wir – und sie wollten sich ebenso wenig so verhalten, wie wir dieses Verhalten um uns haben wollten. Selbst damit zeigten sie den Wunsch, uns zu gefallen – zumindest im Unterbewusstsein. Paradoxerweise entwickelten sie daraufhin dasselbe Syndrom, mit dem sich Frauen jahrhundertelang herumschlugen: »Ich verberge, wer ich wirklich bin, damit du mich liebst.« Und natürlich funktionierte das nicht. Nachdem wir ihnen ins Gemächt getreten hatten, riefen wir geringschätzig: »Warum bist du kein Mann?«

Viele Männer zogen sich in sich zurück und entwickelten eine Scheu vor ihrer eigenen Männlichkeit, da sie fürchteten, *sie könnten damit jemandem Schaden zufügen.* Um der Freundlichkeit willen, aber oft mehr aus Angst als aus echtem Zartgefühl schreckten sie vor ihrer eigenen männlichen Größe zurück. Es gibt nur wenige Gefahren, die größer sind als die Gefahr einer nicht erkannten Überzeugung – und die nicht erkannte Überzeugung, dass Männlichkeit an und für sich etwas Schlechtes sei, hat sowohl Männer als auch Frauen jahrzehntelang gelähmt.

Einige der fähigsten Männer – deren Seelen am besten geeignet waren, um in die Romantik und Spiritualität des nun heraufziehenden Zeitalters einzuführen – schlossen sich dem Vorurteil gegen mächtige Männer an. Sie zogen sich von dem, was sie als unablässigen, unsinnigen Konkurrenzkampf ansahen, zurück, da sie ebenso sehr wie wir über die Gewalttätigkeit und Habgier der weißen männlichen Macht (in Nordamerika) entsetzt waren. Wie gewöhnlich war dieses Urteil ein Schlag ins Gesicht sowohl der Richter als auch der Gerichteten. Langsam, unhörbar und oft unbewusst fingen diese Männer an, dem Verlust ihrer eigenen Dynamik und männlichen Durchsetzungskraft nachzutrauern. Und aufgrund ihres berechtigten Wunsches nach und ihrer Neigung zur Demonstration materieller Werte hatten sie in der Folge viele innere Konflikte auszustehen. Sie konnten ihren Drang, Imperien aufzubauen und Macht auszuüben, nun einmal nicht auslöschen, hielten ihn jedoch tief in sich verborgen wie ein schuldbewusstes Geheimnis. Da man ihnen suggerierte, sie müssten sich für die Zurschaustellung ihrer eigenen Männlichkeit im Unrecht fühlen, verkrochen sie sich – im übertragenen Sinn – in einer Ecke, insgeheim eifersüchtig auf Männer, die nicht unter diesen Skrupeln litten.

Oft wollen sie es nicht zugeben, aber sie wünschen, sie hätten schon in der Vergangenheit mehr Geld verdient. Sie wollen es nicht zugeben, aber wünschen sich nun, sie würden bereits über ein materielles Imperium verfügen. Sie wollen es nicht zugeben, aber sie schämen sich, weil sie nicht die Mittel haben, in unserer materiellen Welt bestimmte Dinge zu tun. All das kann natürlich wieder ins Lot gebracht werden, sobald sie erkennen, dass sie einen bestimmten Charakterzug in sich verurteilt und damit ihre eigene Macht, ihn zu verkörpern, unterdrückt haben. Durch Vergebung ist alles heilbar. Was wir an den anderen verurteilen, verleugnen wir in uns selbst. Was wir bereitwillig bei anderen gutheißen, werden wir auch uns selbst zugestehen. Verurteilt und unterdrückt man einen Charakterzug, so verändert man ihn nicht. Nur wenn man einer Energie gestattet, sich zu entfalten, und darum bittet, sie möge von Gott gesegnet und für seine Zwecke verwendet werden, hebt man sie auf eine höhere Stufe.

Nicht alle Männer, die viel Geld verdienen, schaden damit anderen – keineswegs. Nicht alle Männer, die weltliche Imperien aufbauen, benutzen diese anschließend dazu, andere zu unterdrücken, auszubeuten und zu manipulieren – keineswegs.

Und nicht alle Männer, deren eigentliche Domäne das Materielle ist, sind auf spirituellem Gebiet Ignoranten – keineswegs.

Auch sollte man nicht unerwähnt lassen, dass nicht alle Menschen, die um ihr Überleben kämpfen müssen, reine und gute Seelen sind. Der Mythos, wonach Geld die Wurzel allen Übels ist, wurde vom Herrn, nicht vom Sklaven erfunden – und zwar um weitere Versklavungen zu rechtfertigen. Es ist ein Gedanke, der mit Sicherheit die machtlosen Massen ruhig stellt; aber in einer Zeit wie der gegenwärtigen, wo allerorten nach der Macht gestrebt wird, sollten wir diesen Gedanken von uns werfen wie Ketten, die von lange gebeugten Schultern geschüttelt werden. Am Geld zu hängen ist eine Gefahr – wie auch das Festklammern an allen anderen Dingen eine Gefahr darstellt. Aber Geld kann, wie alles andere auch, zur Förderung von Gutem und Positivem verwendet werden. Und viel von dem, was der Welt momentan am meisten helfen würde, könnte durch Geld vorwärts gebracht werden.

Natürlich ist Geld nur ein Symbol für eine bestimmte Art weltlicher Macht. Aber insbesondere für Männer ist es ein wichtiges Symbol, denn es verkörpert eine bestimmte Art der Autorität in unserer Gesellschaft. Es wäre ein Zeichen von Unreife, wollte man dies bestreiten. Diese Autorität ist übrigens nicht negativ, sondern an sich neutral. Alle sollten sich *autorisiert* fühlen, Dinge zu erschaffen. Wir wollen keine Welt, in der sich alle machtlos fühlen, wir wollen eine Welt, wo jeder sich gleichermaßen befähigt fühlt, der Macht des Guten Ausdruck zu verleihen.

Wirft man Männern die materielle Zurschaustellung ihres männlichen Selbst vor, dann ist das so, als wolle man ihnen einen Vorwurf machen, weil sie eine Erektion haben. Wenn Sie das möchten, bitte sehr, aber Sie dürfen sich dann keine weiteren Kinder – oder überhaupt neues Leben – erwarten.

Die Geschichte von Isis und Osiris offenbart, dass das Weibliche nicht nur neues Leben zur Welt bringt: Es stellt Leben auch wieder her, wenn es zerbrochen ist. Liebe ist eine weibliche Kraft – nicht nur der Frauen, sondern auch der Männer –, die nicht aus dem »Tun«, sondern aus dem »Sein« heraus schafft – aus dem Geliebtsein, dem Geschätztsein, dem Geehrtsein, dem Gewünschtsein, dem Umsorgtsein, dem Respektiertsein und dem Angenommensein. Je tiefer der Zustand unseres emotionalen und spirituellen Seins ist, desto bessere psychische Voraussetzungen haben wir, eine verzauberte Liebe zu empfangen und zur Reife zu bringen.

In den vergangenen Jahrzehnten haben viele Männer unseren Weg des mystischen Feminismus unterstützt; sie haben uns geholfen, eine befreitere Identität zur Welt zu bringen, so wie ihre Mütter sie zur Welt gebracht haben. Nach der physischen Geburt liegen wir in den Armen unserer Mutter. Nach der spirituellen Wiedergeburt streckt die göttliche Mutter durch den Geliebten die Hand aus, um uns wieder festzuhalten.

Und nun vollzieht sich eine neue, überraschende Wendung im Ablauf unserer kosmischen Wiedergeburt, da die Seelen so vieler Männer unter uns stumm sagen: »Ich habe dir geholfen, geboren zu werden. Bitte hilf nun mir, geboren zu werden. Sag mir, dass es gut und in Ordnung ist, ein Mann zu sein, so wie ich dir einst gesagt habe, es ist gut, eine Frau zu sein. Wenn du wissen willst, was mein Traum ist: Mein Traum ist, ich selbst zu sein. Gib dem Menschen, der ich bin, einen Freiraum und ich will dir auch einen geben. Sonst werde ich mich niemals kennen lernen. Und ehe ich mich selbst nicht kenne, kann ich auch dich nicht kennen lernen.«

Der einzige Grund, warum wir hier sind, ist, einander kennen zu lernen. Einander wahrhaft kennen heißt, einander lieben, und einander lieben heißt, Gott kennen und lieben. Gott kennen und lieben heißt, etwas mit Ihm zusammen schaffen – eine Welt auf Erden wie im Himmel. Halleluja, wir werden nackt und unbeschwert sein. Halleluja, wir werden im Garten Eden spielen. Halleluja, wir werden alle frei sein.

Ruhe in mir und ich will in dir ruhen. Alles Übrige liegt in den Händen Gottes.

Lieber Gott,
bitte erlöse mich von meinem Widerstand
gegen die Liebe.
Gib, dass ich auf geradem Weg ins Herz meines Geliebten finde.
Offenbare mir den Sinn dieser Reise,
auf der wir uns befinden.
Amen

Fünftes Kapitel
Liebe und Feuer

Weißt du, was ich in dir sehe? Nicht nur das Schwache, sondern auch das Starke. Nicht nur das Verwundete, sondern auch das Geheilte. Nicht nur das Alte, sondern auch das Neue. Komm mit mir in eine strahlend schöne Gegenwart, damit wir jetzt zusammen so sein können, wie zu sein wir uns nie zuvor erlaubt haben.

Frisches, unverbrauchtes Wasser strömt auf uns herab, wenn wir uns den Wellen hingeben. Wir werden uns reinwaschen von allem Vergangenen, das noch an uns klebt. Das ist nicht der Tod. Wir ertrinken nicht.

Lass uns zusammen vergessen, mein Liebling. Wir wollen vergessen, was nie war.

Ein Freund schickte mir eine E-Mail, um mir mitzuteilen, dass er sich verliebt habe. Es war das authentische, alles übersteigende, absolute Liebeserlebnis, auf das er sein Leben lang gewartet hatte.

Einige Monate später sprach ich mit ihm und fragte ihn, wie es seiner Liebesbeziehung gehe.

»Sie dauert noch an«, antwortete er. »Aber es ist so schwer. Alle meine Probleme kommen dadurch wieder hoch.«

»Welche zum Beispiel?«

»Nun – Toleranz, Wut, Einmischung, Werturteile meiner Mutter.«

»Mein Gott«, sagte ich. »Das klingt ja nach viel Spaß.«

»Mir war plötzlich wieder ganz gegenwärtig, wie ich reagiert habe, als meine Mutter sich umzubringen versucht hat, als ich vier Jahre alt war«, erzählte er. »Ich beschloss damals, dass ich mich um sie kümmern würde, ganz gleich, was ich dafür tun müsste, damit sie mich nicht verließ. Und wenn mich heute jemand im Stich lässt oder nicht so handelt, wie ich es gerne hätte, komme ich fast um. Früher habe ich die Menschen angegriffen, wenn sie sich so verhielten, denn ich habe es immer abgestritten und so getan, als hätte ich dieses Problem gar nicht. Aber jetzt weiß ich, dass ich in Kontakt mit meinen Gefühlen kommen muss, ganz gleich, was es kostet. Doch selbst wenn ich das tue, darf ich den anderen nicht angreifen oder verurteilen, dann sonst wendet er sich von mir ab und verlässt mich wieder – und ich bin in derselben Lage wie früher mit meiner Mutter.«

»Das klingt ja nicht gut!«, sagte ich. »Und deine Freundin? Wie ist sie?«

»Sie ist unglaublich! Sie ist kraftvoll. Sie ist oft ungehalten. Sie ist egoistisch. Sie ist narzisstisch. Aber sie geht die Dinge an. Ich habe noch nie zuvor jemanden gesehen, der die Dinge so beherzt anging wie sie. Sie durchschaut die Probleme, über die ich mir erst jetzt Fragen zu stellen beginne. Es ist erstaunlich. Ihr sind alle ihre Schwierigkeiten, die mit ihren Inzesterfahrungen und dem Im-Stich-gelassen-werden zu tun haben, vollkommen bewusst. Sie macht gerade eine Therapie und setzt sich intensiv damit auseinander und ich verstehe, dass sie sich aus diesem Grund momentan sehr auf sich selbst konzentrieren muss. Aber ich bin auch eifersüchtig, weil ich gerne mehr Aufmerksamkeit von ihr möchte und das meine sämtlichen Probleme mit dem Im-Stich-gelassen-werden wieder hochkommen lässt. Wir streiten uns etwa einmal in der Woche. Von meinen Problemen will sie nichts wissen. Aber nach einer Weile wird das ungeheuer anstrengend. Ich weiß wirklich nicht, wie lange das noch dauern wird.«

»Aha ...«, rief ich aus, erschöpft vom bloßen Anhören der Geschichte. »Hast du in letzter Zeit irgendeinen guten Film gesehen?«

Während ich zuhörte, wie mein Freund von seiner Liebesbeziehung berichtete, machte ich mir meine eigenen Gedanken darüber, welche Probleme da zum Vorschein gekommen waren. Und die unterschieden sich in mancher Hinsicht von seinen Gedanken. Ich möchte die Notwendigkeit psychologischer Arbeit nicht herabwürdigen, aber so wichtig sie auch sein kann – das rein analytische Verständnis ist nicht der letztendliche Sinn von Intimität. Ich glaube, wir sollten vielmehr der Versuchung widerstehen, Beziehungen allzu sehr vom pathologischen Gesichtspunkt aus zu betrachten. Es kann uns dazu verleiten, der wirklichen Erfahrung der Liebe aus dem Weg zu gehen.

Der Liebe liegt ein unwandelbares Geheimnis zugrunde. Sie zu entmystifizieren heißt, sie zu verlieren. Ihr Geheimnis verleiht ihr die entscheidende Macht, uns zu verzaubern, uns zu rühren und uns zu heilen. In viel zu vielen Beziehungen geht das Geheimnis der Liebe verloren. Pläne, Formen, Analysen, Definitionen – sie alle können dazu verwendet werden, die spirituellen Elemente der Liebe zu blockieren. Das Geheimnis ist zerbrechlich und bedarf unseres Schutzes. Wir müssen uns einem höheren Geschehen ergeben, wenn wir am Göttlichen teilhaben wollen.

Jenseits des sterblichen Geistes liegt die Sphäre des unsterblichen Geistes – eine ganz andere Geschichte, wenn man nach dem hysterischen Drama urteilt, das wir Leben nennen. Als mir mein Freund von seiner Beziehung erzählte, hörte ich selbst eine Geschichte heraus, die sich in vielem von seiner unterschied. Es war die Geschichte einer Generation, die ein starkes Bedürfnis hatte, spirituelle Prinzipien auf unsere romantischen Ziele anzuwenden: Wahrheiten wie Vergebung; lernen, im Jetzt zu leben; wissen, dass wir die Schäden aus der Vergangenheit durch richtiges, mitfühlendes Leben in der Gegenwart wiedergutmachen können; achten des Geheimnisses, das uns zusammenbringt; auf die Weisheit des Herzens hören; sich nicht hinter psychologischer Analyse verstecken; suchen nach Gottes Gnade; schaffen einer emotionalen Sicherheit für uns und für andere; der Versuchung widerstehen, andere zu verurteilen und Fehler bei ihnen zu suchen; den anderen in die Arme nehmen, wenn er Kummer hat; und Unterstützung und Anerkennung zu gewähren, um sowohl sich selbst als auch den anderen zu heilen.

Ich warne dich: Es wird nicht leicht sein. Ich warne dich: Es wird mit Arbeit verbunden sein. Ich warne dich: Die Liebe wird dich verbrennen. Bist du bereit, verbrannt zu werden, oder möchtest du lieber einfach so alt werden?

Jean-Paul Sartre schrieb einmal: »Die Hölle, das sind die anderen.«

Doch sie sind auch der Himmel.

Beziehungen *können* die Hölle sein. Einer bekommt nicht genug Zeit oder Aufmerksamkeit, ein anderer bekommt nicht genug Freiheit oder eigene Privatsphäre. Einer möchte immer die Kontrolle bewahren; ein anderer hält sich auf Distanz. Einer weint und versucht alles, um sich mit jemandem zu verbinden; ein anderer seufzt und versucht, sich aus einer Beziehung zu lösen. Immer wieder werden wir emotional unter Druck gesetzt. Oft fragen wir uns: »Warum rege ich mich eigentlich so auf?«

Doch hin und wieder gibt es ein Highlight: eine Minute, eine Stunde, vielleicht ein Tag oder ein Jahr – oder sogar eine noch viel längere Zeit –, in der die Liebe vollkommen ist. Wir werden von einem anderen Menschen wirklich gesehen und dieser Mensch liebt, was er sieht. Schon allein, dass wir dieselbe Luft atmen, verbindet uns, wenn wir so intensiv zusammenleben, dass jeder Augenblick eine Wonne ist, wenn einer den Satz des anderen zu Ende spricht und wir uns gegenseitig in unseren Träumen unterstützen. Selbst unsere Moleküle scheinen einander zu kennen. In diesem Augenblick – oder an diesem einen Tag – fühlen wir uns endlich nicht mehr allein auf der Welt.

Aber dann setzt die Wirklichkeit ein, oder besser gesagt: die

Nichtwirklichkeit. Liebe ist die ultimative, von Gott geschaffene, unverwandelbare Wirklichkeit im Universum, aber die Welt, die wir uns geschaffen haben, erkennt das weder an noch spiegelt sie es wider. Aus freien Stücken haben wir ein geistig fremdes Reich geschaffen, das nicht von der Liebe, sondern von ängstlichen Gedanken gelenkt wird. Liebe fühlt sich in der Welt der Angst nicht zu Hause, weil sie selbst eben nicht angstbesetzt ist. Es kann sehr schwer sein, unter solchen Umständen zu erreichen, dass die Liebe von Dauer ist, da sie dem Wesen des emotionalen Status quo so sehr zuwiderläuft. Zuweilen hat man fast das Gefühl, die Wege der Liebe seien unnatürlich. Wir haben uns in dieser illusorischen Welt eine Art Ersatzliebe geschaffen. Sie beruht mehr auf Toleranz als auf wahrhaftem gegenseitigen Akzeptieren, mehr auf Form als auf Inhalt und mehr auf der Verbindung von Körpern als der von Seelen. Und solange wir nicht in die Tiefe gehen, solange wir nicht nach der allerhöchsten Liebeserfahrung streben, können solche Beziehungen weiterbestehen.

Aber wenn Sie wagen zu sagen: »Nein, ich will mehr«, dann konfrontieren Sie das Ich und erheben Anspruch auf die Freude, die uns, den Kindern Gottes, als natürliches Geburtsrecht zusteht. Wenn Sie den Mut haben, aufzustehen und ganz bewusst zu erklären, dass die Grenzen der Liebe in dieser Welt für Sie nicht existieren, dass Sie sich dafür entscheiden, jetzt, zu Ihren Lebzeiten, den Schleier zu lüften, dann haben Sie es mit den Kräften der Angst aufgenommen.

Und die Angst wird Ihnen darauf eine Antwort geben. »Schön«, wird sie sagen, »liebe nur ganz intensiv, wenn dir so viel daran liegt. Mach, was du willst. Aber sieh die Feuerwand, die vor dir und zu deiner Linken und zu deiner Rechten ist. Sie wird dich natürlich verzehren. Aber nur zu! Versuch doch, hindurchzugehen.«

Das Feuer verzehrt einen, aber die Würde verleiht uns eine wahre Titanennatur, die stark genug ist, um der Hitze standzuhalten. Zwei Seelen, die durch spirituelle Kräfte verbunden werden, erzeugen – buchstäblich – die Macht Gottes. Diese Macht manifestiert sich in der materiellen Welt. Sowohl die Kernfusion als auch die Kernspaltung spiegeln physikalisch wider, welch außergewöhnliches Potential an Destruktivität und Kreativität entsteht, wenn zwei menschliche Kerne sich entweder trennen oder miteinander verschmelzen. Beziehungen können ungeheuer schlecht und ungeheuer gut sein – aber sie können nicht ohne Kraft sein.

Liebe kann ein riesiger Berg, ein freundlicher Garten, ein tobender Sturm, eine kühle Brise oder ein entspannendes Bad sein. Aber in ihrer Nähe ist immer irgendwo Feuer. Immer ist da der Zündstoff für die Einweihung der Seele. Wenn es kein Feuer gibt, gibt es auch keine Liebe. Eine Ehe kann ein Leben lang halten. Sie kann alle Merkmale dessen haben, was die Welt eine »erfolgreiche Beziehung« nennt. Aber wenn sie Sie nicht dazu führt, die nächsthöhere Stufe zu erklimmen, wenn sie Ihr Herz nicht in tausend Stücke zerspringen lässt, um es daraufhin in einem erleuchteten Augenblick des Verstehens wieder zusammenzusetzen, dann haben Sie nicht wirklich geliebt. Vielleicht haben Sie das Gewöhnliche, das Konventionelle erlebt – aber nennen Sie *das* bitte nicht Liebe.

Immer wenn es eine Chance für eine tiefe Liebe gibt, steht vor dieser Liebe eine Feuerwand. Dieses Feuer kann die Form von etwas annehmen, das in Ihnen brennt – sie ist dann ein innerer Zustand –, es kann aber auch die Form eines äußeren Umstands annehmen. Doch nie ist Liebe ohne Feuer. Zum Mystiker sagt dieses Feuer niemals: »Geh weg.« Zum Mystiker sagt dieses Feuer: »Hier ist Liebe – wenn du stark genug bist, nimm sie an.«

Vor Jahren sang Chaka Khan ein Lied, in dem sie verkündete, sie sei bereit, für ihren Mann »durchs Feuer zu gehen«. Und eben dieses Feuer formt und prägt uns. Das Feuer ist keine Gefahr für die Beziehung, sondern das größte Geschenk, das man ihr machen kann. Es verbrennt nicht das eigentliche Selbst, vielmehr verbrennt es alles andere. Wenn vor Ihnen eine Feuerwand steht, der Mensch, den Sie lieben sich jedoch auf der anderen Seite befindet, dann werden Sie, wenn Sie durch das Feuer nach der Hand Ihres oder Ihrer Geliebten greifen, zu einem Zauberwesen, das durchs Feuer gehen kann, ohne sich zu verbrennen. An diesem Punkt gehen wir zu einer anderen Bewusstseinsfrequenz über. Wenn uns dies gelingt, gelingt uns auch alles andere.

Die Welt vergibt Preise für viele Dinge. Es gibt Preise für alle nur erdenklichen Superlative. Aber der einzige Preis, den der Künstler der Liebe erhält, ist das prickelnde Gefühl zu wissen, dass er es geschafft hat, durchs Feuer auf die andere Seite zu gelangen. Es gibt keinen irdischen Preis, der dem Gefühl gleichkommt, das einem diese Leistung verleiht, und dem Lächeln, das sie auf das Gesicht von zwei Menschen zaubert.

Das erregende Gefühl zu wissen, dass das Feuer hinter einem ist, dass das Metall im eigenen Herzen nun zu Gold geworden ist, macht eine Beziehung zu einem geheiligten Kelch. Die romantischen Energien der Menschheit sind bereit für diesen Kelch; wir haben zwar das Wasser, doch wir hatten keinen Behälter dafür. Eine Zivilisation, die dem Heiligen keine praktische Bedeutung zuerkennt, sondern es nur in einem vollkommen trockenen und geschlechtslosen Kontext gelten lässt, bietet keinen Leitfaden für eine heilige Bindung. Wenn sie nicht in (fast) allem, was wahrhaft menschlich ist, das Göttliche sieht – wie kann sie da das Göttliche im Allermenschlichsten sehen?

Wir werden in Zauberwasser baden und wir werden unsere Haut von der Sonne trocknen lassen. Wir werden unsere Augen schließen und neues Licht in uns aufnehmen. Wir werden dem flüsternden Rat der Engel lauschen.

Wir werden einander mit einem neuen Blick anschauen. Wir werden einander mit der Krone des Him-

mels ehren. Wir werden einander mit der Berührung der Erde berühren. Und die Liebe wird unser Heilmittel sein. Gott wird lächeln und wir werden lächeln und die Welt selbst wird fröhlicher werden.
Komm mit mir. Ich will dir die Liebe zeigen.

Das größte Hemmnis für die Liebe ist die menschliche Persönlichkeit. Ich fuhr einmal zu der Schule meiner Tochter, um sie abzuholen, und sah dort ein kleines, etwa fünfjähriges Mädchen, das mit einem kleinen Jungen sprach. Sprechen ist nicht das richtige Wort. Vielmehr fand ein unglaublicher Energiefluss zwischen diesen beiden Kindern statt. Sie war offen, lächelte und flirtete, obwohl sie noch gar nicht wissen konnte, was das Wort bedeutete. Und er war ein kleiner Macho und nahm es als selbstverständlich hin. Wären die beiden zwanzig Jahre älter gewesen, hätte die Welt sicherlich dafür gesorgt, dass diese beiden Kinder zusammenkommen. Dasselbe Gespräch hätte dann sicherlich vor Emotionen nur so geknistert.

Ich schaute ihnen eine Weile sehnsüchtig zu. Dieses kleine Mädchen war so schutzlos und doch so sehr in Sicherheit. Sie hatte nichts zu fürchten, da sie bisher noch nicht mit der Angst in Berührung gekommen war – und er auch nicht. Sie war vollkommen verletzbar, vollkommen wehrlos, sie ging ganz in ihrer Bewunderung für ihn auf und war ganz sie selbst. Ich beneidete sie. Jeder von uns trägt so ein kleines Mädchen (oder so einen kleinen Jungen) in sich wie eine Erinnerung an unsere verlorene Unschuld. Wir wollen genauso frei sein, aber wer hat dazu noch den Mut? Wir wollen so uneingeschränkt bewundern, aber wer ist dazu noch imstande? Wir wollen so unschuldig sein, aber wir wissen nicht mehr, wie das war.

Mir fiel ein Bild ein, das ich einmal in einem Museum in New York gesehen habe. In einer mystischen Umgebung laufen ein junger Mann und eine Frau nackt durch den Wald. Beide haben wunderschöne, sinnliche Körper, doch fehlt ihnen jegliches sexuelle Zurschaustellen und jedes Gefühl von Scham. Sie haben das Lächeln von Engeln. Ich stand lange vor diesem Bild und fragte mich: »Gibt es das wirklich? Und gab es das je? Ist das nur ein Ideal? Können wir als Erwachsene lieben und dennoch wieder das Vertrauen eines Kindes haben wollen? Können wir dies und auch das andere sein? Können wir in dieser Welt und gleichzeitig im Garten Eden leben?«

Vielleicht ist das möglich, wenn wir es versuchen. Wenn wir ins Meer fallen lassen, was hineinfallen soll, dann wird neuer Boden an die Oberfläche steigen. Das Paradies existiert. Es ist nur »unter Wasser«.

Lieber Gott,
früher habe ich zu Dir gebetet, weil ich einsam war,
dann kamst Du zu mir und ich war nicht mehr einsam.
Danach betete ich darum, mich besser zu fühlen,
und Du kamst und heiltest mein Herz.
Und jetzt, lieber Gott, bitte ich Dich
um eine wundervolle Aufgabe:
Bitte gib, dass ich zum Leben eines anderen beitrage,
in der tiefsten Weise,
in der heiligsten Weise,
in der liebevollsten Weise,
damit wir Dir gemeinsam besser dienen können.
Bitte gib, dass ich meinem Geliebten helfen kann
näher zu Dir zu kommen,
dass mein Geliebter mir helfen kann,
näher zu Dir zu kommen.
Bitte gib, dass ich mich an meinem Partner erfreue
und dass sich mein Partner an mir erfreut,
damit Dein Licht, das uns vereint,
die Welt hell machen möge.
Gott, ich danke Dir,
Amen.

Jetzt, wo Sie dieses Gebet gesprochen haben, haben Sie vielleicht den Wunsch, Ihren inneren Raum vorzubereiten. Schreiben Sie auf ein Blatt Papier die Merkmale Ihrer Persönlichkeit, von denen Sie am meisten wünschen, dass der Heilige Geist sie verwandeln möge. Gestehen Sie sich diese Dinge ein, übernehmen Sie die Verantwortung für Ihre Schwächen und stellen Sie sie Gott anheim. Letztlich ist jede Arbeit eine innere Arbeit.

Und nun sollten Sie einmal Ihre häusliche Umgebung in Augenschein nehmen. Ist das ein Ort, wo sich Ihre Liebe wohl fühlen würde? Ist er so ausgestattet, dass er (oder sie) sich gerne darin aufhalten wird? Oder ist es ein Bereich Ihrer Existenz, der die Liebe abschrecken könnte? Widmen Sie sich diesen Fragen, denn seine (oder ihre) Schritte sind nicht mehr weit.

Seien Sie geduldig und ruhig – denn für uns alle naht die Stunde.

Und nun bin ich gekleidet in ein Gewand aus Licht. Meine Schwestern und ich tragen Tanzschuhe und wir tanzen fast jede Nacht. Musiker spielen auf und wir singen unsere Lieder und füllen unsere Worte mit Leben. Unsere kleinen Schwestern kommen und schließen sich uns an, wenn wir das Jenseits vorbereiten.

Weißt du, dass wir auf dich warten?
Und bist du bereit zu tanzen?

Und dann kommt die Geliebte. Man hat Ihnen erzählt, Sie würden ihr vermutlich auf diese oder jene Weise begegnen, aber als der Tag dann kam, war sie einfach da. Sonderbar. Sie ist nicht diejenige, von der Sie gedacht hätten, dass sie Ihr Herz stehlen könne.

Liebe ist einfacher, als es den Anschein hat in dieser unserer komplizierten Welt. Das Geheimnis der Liebe besteht darin, dem (oder der) Geliebten zu sagen, wie wunderbar er (oder sie) ist – beständig und aufrichtig, mindestens tausendmal jeden

Tag. Geben Sie immer ein wenig mehr als zuvor. Wenn die Liebe in meinem Leben einmal versiegte, so lag das immer daran, dass ich mit den Äußerungen meiner Anteilnahme gegeizt hatte. Wenn die Liebe in meinem Leben gedieh, dann lag das immer daran, dass ich meine Bereitschaft, Liebe zu zeigen – die oft wie ein Kind in einer Ecke meines Herzens kauerte – erhöhte. Ich habe gelernt, dass jeder Mensch diese Ecke und diesen Ort in sich trägt. Wenn wir von diesem Ort aus, der in uns ist, ganz aufrichtig sprechen, dann nehmen wir ihn auch in einem anderen Menschen wahr – und dann werden zwei erschreckte Kinder zu zwei mutigen Erwachsenen, mit einer reifen Fähigkeit, zu lieben und geliebt zu werden.

Lieber Gott,
ich will kein Kind mehr sein.
Ich will nicht mehr zurückgehalten werden.
Ich will mein Leben nicht verschwenden.
Führe mich in neue Sphären,
heile mich da, wo ich beschädigt bin,
und mache mein Herz bereit für alles.
Gott, ich danke Dir,
Amen

Sechstes Kapitel
Reifen durch die Liebe

Und als ich die Hände nach dir ausstreckte, sagtest du nein, du könntest etwas Besseres finden. Ich sagte: Ich kann es nicht, ich nicht, ich bin müde und ich habe nicht die Kraft für einen weiteren Versuch.

Nach all dieser Zeit sagtest du zu mir: Du kannst so zu mir kommen, wie ich zu dir kommen möchte.

Und das tat ich. Und ich werde es wieder und wieder tun, solange wir leben ...

Der Schriftsteller und Psychotherapeut Pat Allen schrieb einmal, das größte seelische Bedürfnis des Mannes sei es, zu wissen, dass seine Gedanken respektiert werden, und das größte seelische Bedürfnis der Frau sei es, zu wissen, dass ihre Gefühle geschätzt werden. Ich habe schon viele Meinungen über diese Auffassung gehört, aber für mich war sie eine Offenbarung. Diese Erkenntnis verwandelte meine Beziehungen von Grund auf.

Ich wuchs in einem kultivierten Umfeld auf, wo jeder eine »Tante Bessie« hatte – eine Art Original. Sie hatte ein Herz aus Gold, aber sie war auch zäh und widerstandsfähig. Sie sagte und tat Dinge, die Leute, die sie nicht kannten – oder die nicht aus unserem Milieu stammten –, zuweilen vor den Kopf stießen. Doch in der Familie lachte man nur liebevoll darüber und sagte: »Diese Bessie! Was für eine Persönlichkeit!« Sie war sowohl das stärkste als auch das liebevollste Mitglied der Familie. Ja, eigentlich war sie diejenige, die alles zusammenhielt.

Sie war in Armut aufgewachsen, aber aus ihren Söhnen wurden Männer, die eine halbe Million Dollar im Jahr verdienten. Doch das beeindruckte sie nicht im Mindesten. »Soll ich dir dafür etwa Respekt zollen? Sprich mir nicht von Respekt! O

Himmel, du hast ja gar nichts gegessen! Schmeckt dir mein Essen etwa nicht? Max, du siehst gar nicht gut aus. Bist du etwa krank? Verheimlichst du mir etwas?«

Als Kind war es mir nicht bewusst, aber im Grunde war Tante Bessie mein Rollenmodell für eine starke Frau. So benahmen sich die Frauen eben, die die Dinge um mich herum managten. Was wusste ich, kleines Dummerchen, denn schon! Den Gedanken und Leistungen eines Mannes Respekt zollen? Soll das ein Witz sein? Weißt du eigentlich, wie hart ich heute gearbeitet habe? Auch war Bessie emotional nicht wirklich verwundbar. Ihre Familie war vor Pogromen geflüchtet! Für Weichlichkeit war da kein Platz.

So wuchs ich – wie so viele Frauen meiner Generation – zwischen den Sorgen unserer Großmütter und unseren eigenen auf, mit Schuppen auf der Haut und Krallen an den Fingern. Jede Frau, die ich kenne, hat so eine Tante Bessie in ihrer Familie. Und wir wussten nicht, dass wir geschädigt waren; wir hielten uns für stark.

Pat Allen zufolge hat auch die Generation unserer Eltern die Dinge nicht so richtig verstanden. Väter klopften ihren Töchtern, wenn sie in die Pubertät kamen, auf den Rücken und sagten: »Na los, mach mal! Du kannst das alles genauso gut wie ein Junge!«, was uns dazu brachte zu glauben, dass wir, wenn wir etwas *leisteten*, Liebe von den Männern in unserem Leben bekämen. Welch ein Irrtum!

Die Mütter dieser Generation dagegen machten den gegensätzlichen Fehler: Sie hätschelten die Gefühle ihrer heranwachsenden Söhne genau zu der Zeit, wo es die Aufgabe dieser jungen Männer gewesen wäre, sich – bildlich gesprochen – in die Wälder aufzumachen, von der Jugendzeit zum Mannesalter überzugehen und zu lernen, auf ihre eigenen Entscheidungen zu vertrauen. Was für ein Durcheinander entstand da – die Frauen tragen nun einen emotionalen Schutzpanzer und die Männer werfen ihren ganzen emotionalen Ballast Frauen vor die Füße, die *nicht* ihre Mütter sind. Sie: »Mein Papa hat gesagt, er würde mich lieben, wenn ich eine Eins nach Hause bringe – warum tust du's nicht?« und er: »Meine Mutter hat mich verhätschelt, wenn ich mich wie ein Kind aufgeführt habe – warum tust du's nicht auch?«

Weil der Geliebte nicht Ihr Vater ist; er ist der Mann, der nun an Ihrer Seite lebt.

Weil die Geliebte nicht Ihre Mutter ist; sie ist die Frau, die nun an Ihrer Seite lebt.

Das Erste, was wahre Liebe vollbringt, ist, Sie erwachsen zu machen. Und danach zeigt sie Ihnen, wie Sie diesen Zustand genießen können.

Oft kommen zwei Erwachsene zusammen und agieren ihre Kindheitsdramen bis zum Gehtnichtmehr immer wieder aus. Ein ziemlich häufig vorkommendes »Passionsspiel« findet dann statt, wenn ein Mann, der nie wirklich erwachsen wurde, sich in eine Frau verliebt, die meint, sie könne ihn dazu *bringen*, erwachsen zu werden.

Eine Frau, die versucht, die emotionale Arbeit eines Mannes für ihn zu tun, hat sich dazu entschieden, die Rolle seiner Mutter zu spielen. Es kann sehr verlockend für eine Frau sein, die seelische Arbeit des Mannes in einer Beziehung zu übernehmen – bis sie dann eines Tages erkennt, dass sie es erstens nicht kann und zweitens dass sie, auch wenn sie es könnte, wenn sie selbst erwachsen wäre, es nicht wollte. Einen Mann zu bemuttern bedeutet, seine Männlichkeit zu vernichten und seine Dysfunktionen zu verstärken. Ein erwachsener Mann, der unfähig ist, die Verantwortung für seine eigenen Gedanken, Gefühle und Handlungen zu übernehmen, ist neurotisch und eine Frau, die versucht, seine Unzulänglichkeit dadurch zu kompensieren, dass sie sich noch stärker engagiert, verbindet seine Neurosen mit ihren eigenen.

Wenn seine Mutter ihn nicht zur rechten Zeit losgelassen

hat, dann kann Ihre Reaktion nicht darin bestehen, ihn zu tragen. Vielmehr ist notwendig, dass jemand ihn *jetzt* loslässt. Ehe ein Mann sich nicht wirklich von seiner Kindheit gelöst hat, wird er nicht für das Mannesalter gerüstet sein. Er wird nicht wissen, wie man genug Anstrengungen unternimmt, um Liebe zu bekommen, und die Frauen um ihn herum werden immer versucht sein, darauf zu reagieren, indem sie zu viele Anstrengungen unternehmen. Und das bedeutet Unglück für beide.

Eine Frau kann nichts dadurch gewinnen, dass sie einen Mann bemuttert, da ein Mann nicht mit seiner Mutter schlafen will. Eine Frau, die emotional zu viel für einen Mann tut, wird ihn am Ende immer verlieren.

»Aber wenn ich es nicht für ihn tue – wenn ich ihn nicht anrufe, wenn er aufhört, mich anzurufen, wenn ich ihn nicht dazu bewege, über seine Gefühle zu sprechen, und ihm nicht zeige, wie er sich da eigentlich verhält, wenn ich ihm nicht erkläre, welche Fehler er in unserer Beziehung macht, die ihm offenbar überhaupt nicht bewusst sind – dann wird die Beziehung nicht mehr lange halten! Sie wird zu Ende gehen!«, klagen manche Frauen.

Und das ist – traurigerweise – tatsächlich wahr. Wenn ein Mann, den Sie wollen, nicht auf Sie zugeht, dann ist es vermutlich an der Zeit, zu trauern; aber es ist nicht an der Zeit, die Hände nach seinem Revers auszustrecken. Er kommt nicht auf Sie zu, *weil er es eben nicht will.* Wenn Sie versuchen, ihn zu verführen, zu manipulieren, wenn Sie Strategien entwerfen oder anderes anstellen, um ihn zu bewegen, etwas zu tun, was er aus freien Stücken nicht getan hätte, dann gibt es zwei Möglichkeiten: Entweder Sie werden scheitern und sich deswegen letztlich gedemütigt, zurückgewiesen und beschämt fühlen. Das wird Sie in Zukunft davor zurückschrecken lassen, in Situationen mutig und beherzt zu sein, in denen es sehr wohl angebracht ist; das heißt, das Gefühl des Versagens werden Sie in andere Beziehungen, die noch gar nicht bestehen, hineintragen. Oder Sie haben Erfolg, doch es wird zwangsläufig ein Pyrrhussieg sein. Denn eines Tages wird dem Mann aufgehen, was Sie getan haben, und dies wird das Vertrauen zwischen Ihnen grundlegend zerstören. Falls es ihm vollkommen bewusst ist, wird er wütend werden und Sie verlassen. Wenn er lediglich auf einer unbewussten Ebene begreift, was passiert ist, dann wird er wütend sein und Sie im emotionalen Sinne verlassen.

Denn in diesem Fall ist er nicht aus freien Stücken zu Ihnen gekommen, sondern hat lediglich Ihrer Beharrlichkeit nachgegeben. Er hat Ihnen nicht wirklich sein Herz geschenkt. Sie haben daher nicht seine Liebe gewonnen; Sie haben ihn nur für eine Zeit lang »hereingelegt«. Wenn ihm das klar wird, wird er sich sein Herz zurückholen und es ist nicht sehr wahrscheinlich, dass er es Ihnen jemals wieder anvertraut.

Warum versucht eine Frau wohl, einen Mann dazu zu bringen, sie zu lieben? Letztlich, weil sie verzweifelt ist. Sie möchte eine große, leidenschaftliche Liebe erleben – wie jeder Mensch. Und diese Chance steht uns allen offen; wir alle halten von klein auf danach Ausschau. An diesem Wunsch ist an sich nichts auszusetzen. Falsch hingegen ist, ihn mit Brachialgewalt erzwingen zu wollen. Liebe gewährt das Universum umsonst, aber eine gute Beziehung muss man sich verdienen. Liebe selbst ist eine unabhängige Energie, aber eine Beziehung ist ein irdisches Gefäß dafür. Dieses Gefäß muss aus Integrität, Rechtschaffenheit und Mitgefühl bestehen, ansonsten wird die Energie zerstörerisch. Jede Gewalt gegen sich selbst oder gegen die anderen wird vom Universum wahrgenommen, entsprechend registriert und mit karmischer Präzision an uns zurückgeschickt.

Wenn ein Mann sich für eine Frau interessiert, so unterliegt er einem psychologischen Imperativ, der dem einer Frau, die sich für einen Mann interessiert, genau entgegengesetzt ist.

Außer wenn eine Frau ihm ausdrücklich zu verstehen gegeben hat, dass sie es nicht wünscht, sollte er sie durchaus wissen lassen, wie sehr sie ihm gefällt. Die meisten Frauen haben den bekannten Refrain aus *My Fair Lady* im Hinterkopf, in dem es heißt: »Wenn du verliebt bist, dann zeig es mir.«

Aber eine Frau, die verliebt ist, muss der Versuchung widerstehen, wie ein Mann zu handeln. Es hat keinen Zweck, einen Mann davon *überzeugen* zu wollen, dass Sie die Frau seiner Träume sind. Flirten – ja; Tricks anwenden – nein. Wenn eine Frau sich zu sehr ins Zeug legt, dann hat sie noch nicht gelernt, dass ein Zug, der nicht an ihrer Station hält, eben nicht ihr Zug ist. Sie will den Zugführer unbedingt dazu bringen, bei ihr anzuhalten, obwohl sein eigener Plan ihm anzeigt, dass er weiterfahren sollte. Leider merkt sie nicht, dass ein anderer Zug versucht, sich ihr zu nähern, und nicht in ihre Station einfahren kann, weil ein Zug, der hier fehl am Platze ist, durch ihr Interesse aufgehalten wird.

Es kann natürlich auch geschehen, dass ein Mann nicht etwa aus mangelnder Zuneigung nicht auf Sie zukommt, sondern weil er nicht weiß, wie er es anstellen soll. Oder er hat zu große Scheu. Das kann wahr und traurig sein. Aber wenn Sie seine Frau sein wollen, dann können Sie nicht seine Tutorin sein. Das Entscheidende in der Liebe ist nicht, ob jemand Sie liebt, sondern ob jemand Sie *erwählt*. Der zweitgrößte Fehler – neben dem, sich wie die Mutter eines Mannes aufzuführen – ist, sich wie eine Lehrerin aufzuführen. Ganz unverblümt ausgedrückt: Bei ihr kriegt er ihn auch nicht hoch. Erst wenn ein sakraler und achtungsvoller Rahmen für die Liebe geschaffen worden ist, dann können wir die vielfältigen Rollen annehmen, die die verschiedenen Aspekte der Liebe darstellen. Mutter/Vater und Lehrer und Geliebte/r und Freund können alle zum emotionalen Mosaik der Liebe gehören. Aber wenn all diese Rollen zu früh zum Tragen kommen, verwirren sie nur die Gesamtsituation und verringern die Intensität der Liebe. Die wichtigsten psychischen Schablonen zwischen zwei Menschen werden zu Beginn einer Beziehung festgelegt, und auch wenn die Rollen von Vater/Mutter und Lehrer einen Menschen in einer frühen Phasen der Beziehung anziehen mögen, werden sie ihn später abstoßen.

Wenn wir jemanden belehren oder bemuttern oder ihm zu sehr helfen, dann wirkt es so, als würden wir Kontrolle über ihn ausüben. Das ist einer der Gründe, weshalb diese Rollen auch so verlockend für Menschen sind, die sich vor wirklicher Intimität fürchten. Aber wenn Sie dieser Versuchung erliegen, werden Sie eines Tages die Zeche dafür bezahlen müssen – das ist ebenso sicher, wie Eliza sich von Professor Higgins löste. Es ist in der natürlichen Ordnung der Dinge, dass jeder Mensch irgendwann erwachsen wird und für sich selbst einsteht.

Die Seelen von Männern und Frauen verbinden sich miteinander, um zu *wachsen*, nicht um Wachstum und Entfaltung zu vermeiden. Im Grunde weiß das jeder und jeder wünscht sich dieses Wachstum mehr als sonst irgendetwas auf der Welt. Daher fühlen wir uns letztlich am meisten zu den Menschen hingezogen, die auf unsere »Maschen« *nicht* eingehen.

Das Männliche ergreift die Initiative und das Weibliche empfängt. Männer wie Frauen tragen männliche und weibliche Energien in sich, aber in einer Beziehung verkörpert ein Partner primär den einen oder den anderen Teil. Unbewusst ziehen das Weibliche und das Männliche einander an, während zwei weibliche – oder zwei männliche – Elemente sich gegenseitig aufheben. Das trifft auf homosexuelle Beziehungen ebenso zu wie auf heterosexuelle.

Wenn eine Frau in einer Beziehung den Initiator spielt – das heißt, wenn sie die männliche, aggressive Rolle übernimmt –, dann kann ein Mann nur auf Kosten seiner Männlichkeit in ihrer Sphäre bleiben. Wenn er sich den psychologischen Anforderungen einer solchen Frau beugt, dann spielt er den weiblichen Part für ihren männlichen. Selbst wenn er bereit ist, das zu tun, um sie zufrieden zu stellen, ist eine Frau gewöhnlich nicht glücklich mit einem Mann, der wie ein Hündchen um sie herumscharwenzelt.

Wenn Sie einen Mann »einfangen« können, dann bekommen Sie keinen Mann, sondern einen Jungen. Nur die Frau, die es ablehnt, auch nur den Versuch zu machen, ihn einzufangen, hat eine reale Chance, ihn je zu bekommen. Bei ihr kann er zumindest fragen: »Hey, warum hast du nicht gezogen, als ich auf meiner Seite das Seil fallen ließ? Ich bin gewohnt, dass Frauen das andere Ende aufheben!« Die Antwort dieser Frau würde lauten: »Weil ich nicht wollte. Ich spiele nur mit erwachsenen Männern.«

An dieser Stelle werden manche Frauen denken: »Ja, aber mein Mann ist gar nicht imstande, sich wie ein Mann zu verhalten!« *Genau!* Nur eine Frau, die hohe Maßstäbe hat, die nichts anderes will als eine wahrhaft erwachsene Interaktion zwischen einem Mann und sich selbst, kann einen Mann dazu zu bringen, dass er lernt, sich wie ein Mann zu benehmen. Ein Mann wird sich nicht von einer Frau angezogen fühlen – zumindest nicht dauerhaft –, die versucht, in emotionaler Hinsicht seine Arbeit für ihn zu tun, da er in seinem Inneren nichts so sehr wünscht, wie seine eigene Männlichkeit zu erleben. Unbewusst sucht er die Erprobung neuer Dimensionen der männlichen Stärke und eine Frau, die sein kindisches Verhalten fördert, kann ihm diese Erfahrung nicht vermitteln.

Was sowohl Männer wie Frauen letztlich zueinander hinzieht, ist das Feuer der Einweihung, die unbewusste Verlockung einer Situation, die die nächste Phase unseres persönlichen Wachstums darstellt. Aber wir können andere nur etwas lehren, indem wir gewissenhaft versuchen, unsere eigenen Lektionen in ihrer Gegenwart zu lernen. Unsere eigene Wahrheit finden und leben – nicht den anderen sagen, was sie tun sollen – ist das größte Geschenk, das wir anderen Menschen machen können. Psychologisch gesehen ist es wichtig, dass wir innerhalb der Beziehung auf unserer eigenen Seite bleiben, unsere eigene Arbeit tun und uns auf unsere eigenen Reaktionen konzentrieren. Geht der andere nicht auf uns zu, so müssen wir akzeptieren, dass wir hier nichts ausrichten können.

Ein Mann, der Sie nicht will, ist momentan eben nicht der richtige Mann für Sie. Versuchen Sie trotzdem, ihn dazu zu bringen, so erzeugt das eine negative Spirale. Und wie kommt man da wieder heraus? Indem Sie es wirklich wollen! Erkennen Sie Ihre negativen Gedanken und Emotionen als zur Sucht gewordene Muster, die mehr mit Ihren eigenen Kindheitserlebnissen als mit den gegenwärtigen Umständen zu tun haben. Unterschätzen Sie nicht die Macht Ihres eigenen Selbsthasses und seine heimtückischen Methoden, Sie in die Finsternis zu führen. Fallen Sie auf die Knie und bitten Sie Gott um Hilfe.

Ein erfahrener Arzt kann Krankheiten, mit denen er schon einmal konfrontiert wurde, leichter diagnostizieren. Wenn ein Mann mächtig »rangeht« – sich aber dann, beim ersten Anzeichen dafür, dass er bekommt, was er will, wieder zurückzieht –, so signalisiert er damit, dass *er nicht bereit für die Liebe ist.* Signalisieren Sie, dass *Sie es sind,* aber nicht, indem Sie ihm – sozusagen als Koabhängige – erklären, was er ganz offensichtlich nicht versteht, oder indem Sie versuchen, sein Interesse erneut zu wecken. Signalisieren Sie dem *Universum,* dass Sie bereit für eine Beziehung sind, die reifer ist, und reagieren Sie nicht mit Wut auf jemanden, der sich nicht so verhält. Wütend auf einen Mann zu sein, weil er sich in der Liebe wie ein Junge verhält, ist ebenso unsinnig wie wütend auf einen Sechsjährigen zu sein, weil er noch nicht imstande ist, einen Schlips zu binden.

Und haben Sie sich nicht selbst kindisch verhalten, als Sie sich mit Feuer und Flamme hineinstürzten, ehe sich überhaupt erwiesen hatte, ob dies eine psychologisch und emotional reife Situation war? Es ist immer hilfreich, sich daran zu erinnern, dass unsere Körper schon früh ausgewachsen sind, unsere Herzen, unser Verstand und unsere Seelen aber weit hinterherhinken können. Einer meiner Freunde sagte einmal: »Frauen erstreben Liebe als Lebensstil, für Männer hingegen ist sie eine Art Urlaub.« Ich glaube nicht, dass dies für alle Männer gilt, aber es ist dennoch eine interessante Feststellung. Häufig wirft man Männern einen Mangel an Engagement vor, vergisst jedoch, dass sie sich möglicherweise auch nicht dazu verpflichtet haben.

Männer lügen gewöhnlich nicht, außer wenn sie erlebt haben, dass die Wahrheit uns hysterisch werden lässt. Es ist erstaunlich, was geschieht, wenn Sie einen Mann fragen, was er sich von einer bestimmten Beziehung erwartet. Gewöhnlich wird er es Ihnen sagen. Aber wenn er beispielsweise auf die eine oder andere Weise erklärt: »Nichts Außergewöhnliches, einfach ein bisschen Spaß«, so denken wir Frauen oft: »Das meint er nicht wirklich so« oder: »Ich kann ihn sicher ändern.«

Mitnichten. Wahrscheinlich meint er das wirklich so.

Was für eine wunderbare Chance ist das für zwei Menschen, erwachsen zu werden! Er wächst allmählich über Situationen hinaus, in denen er noch nicht reif genug war, um zu dem zu stehen, wozu er die Frau aufgefordert hatte, und überwindet nach und nach seine chronische Gewohnheit, die darin bestand, eine Affäre zu beginnen und dann zu kneifen. Sie beginnt, Verantwortung dafür zu übernehmen, dass sie die Gewohnheit hatte, ihr Herz Männern zu schenken, die *niemals wirklich sagten, dass sie es wollten*.

Wir lernen unsere Lektionen selten von Menschen, die uns verurteilen oder beschuldigen. Wenn ein Mann zum Beispiel einer Frau nahe tritt, dann jedoch die Tiefe und Intensität ihres Miteinanders nicht anerkennt, dann wird er, falls sie darauf mit Wut reagiert, die Mängel seines eigenen Verhaltens nicht wirklich einsehen. Doch wird er vermutlich seine Lektion von einer Frau lernen, die sein Verhalten nicht falsch, sondern vielmehr schwach findet. Sie findet es vielleicht etwas ärgerlich, aber letztlich einfach amüsant, dass er so unreif in Sachen Liebe ist. Das ist eine Frau, die einem Mann etwas beibringen kann, nicht, weil sie es versucht, sondern weil sie selbst etwas gelernt hat. Jeder Mann sucht unbewusst nach einer Chance, erwachsen zu werden. Eine Frau, die ihn in seinem kindischen Verhalten gewähren lässt oder ihn sogar dafür bestraft, kann ihm das nicht bieten.

Manche Lektionen lernen wir nur, wenn wir etwas Bestimmtes getan haben und, nachdem wir dies wirklich verstanden haben, anfangen uns zu ändern. Dann tut sich uns eine ganz neue Dimension der Demut auf – und nun können wir erwachsen werden.

Männer lieben die Jagd. Das hat mir meine Mutter immer gesagt, aber ich dachte, sie verstünde nicht viel davon. Heute bin ich in den Vierzigern und wie viele andere Frauen, die ich kenne, verstehe ich nun, dass meine Mutter in vieler Hinsicht Recht hatte. Männer jagen, weil es Teil der hormonellen Prägung des Universums ist. Sie wollen damit weder kontrollieren noch beherrschen – sie machen Frauen lediglich den Hof.

Letztlich begehrt ein Mann nur das, wofür er sich – zumindest ein wenig – anstrengen musste. Frauen klagen oft: »Er hat sich so viel Mühe gegeben, um mich zu bekommen, aber als ich dann ganz und gar die Seine war, hat er sich nicht mehr für mich interessiert.«

Wessen Fehler war das wohl? Gott helfe uns, unsere Mütter hatten Recht – wir geben zu leicht zu viel. Ein Mann sollte *niemals* ganz aus seiner Frau schlau werden können, wenn die Frau will, dass sein Interesse an ihr nicht nachlässt. Das heißt nicht, dass er sich nie entspannen darf, sondern einfach, dass eine faszinierende Frau anspruchsvoll und in gewisser Weise »aufwändig« ist und sich nicht für diese Tatsache entschuldigt. Entschuldigt sich ein Mercedes dafür, dass er aufwändig ist? Oder ein Jaguar? Oder ein teures Haus? Na bitte. Für einen

Mann, der in Liebesdingen erwachsen ist, gibt es so lange keine Entspannung, bis er weiß, dass er sich bei dieser Frau nur sehr wenig unreifes Verhalten leisten kann. Er kann sich in dem sicheren Wissen entspannen, dass sie immer den Teil seiner selbst fördern wird, der nicht aufhören will, sich anzustrengen, der nicht aufhören will, zu jagen, weil er *nie aufhören will, fasziniert zu sein.*

Und warum sollte er auch? Eine Frau, die weiß, wer sie ist, ist immer faszinierend. Und ein Mann, der weiß, wer er ist, weiß das von einer Frau.

Eine Frau sollte einem Mann stets einen Schritt voraus sein; er sollte nie vollkommen darüber im Bilde sein, was sie denkt, und wenn sie wirklich mit sich im Reinen ist, dann wird er das auch nicht. Das heißt übrigens nicht, dass sie ein Spiel spielt – nein, das ist Verzauberung. Ein Mann kann fühlen, wenn eine Frau ihn begehrt, aber nicht braucht. Das macht ihn wild – aber auf eine ihm äußerst angenehme Weise.

Wenn Gott in unserem Leben an erster Stelle kommt, dann wissen wir genau, woher wir unsere innere Nahrung beziehen. Gott ist der einzige Partner, den wir *brauchen*. Der Mensch an unserer Seite ist ein Partner, den wir *begehren*. Besteht ein deutlicher Unterschied zwischen beidem, so ist die innere Welt im Gleichgewicht und dann, und nur dann, kann die Liebe alle Dinge lenken.

Gott beschenkt uns – beständig und unaufhörlich. Wenn wir offen dafür sind, Seine Gaben zu empfangen, leiten wir die nächste Phase des Schenkens ein. Der ewige Tanz des Gebens und Nehmens gehört zum spirituellen Rhythmus.

Nehmen ist so selig wie Geben und im Grunde ist es ein- und dasselbe. Wenn wir nicht nehmen können, sind wir wie Menschen, die, obwohl sie gut genährt sind, ein schlecht funktionierendes Verdauungssystem haben und daher unterernährt bleiben. Das ist auf einer emotionalen Stufe deshalb so wichtig, weil emotional hungrige Menschen aggressiv sind. Wir sind wütend und aggressiv, weil wir uns schlecht ernährt fühlen, obwohl die Menschen, die um uns herum sind, uns vielleicht genährt haben, so gut sie es vermochten, und sich zu fragen beginnen, warum wir so undankbar sind und selbst so wenig geben.

Ich erlebte einmal, dass ein Mann mich verließ und zum Abschied ärgerlich erklärte: »Nichts, was ich je getan habe, war dir gut genug, Marianne.« Ich erinnere mich, dass ich ihm von der Türschwelle aus leise nachrief: »Doch – alles war gut genug.« Er antwortete: »Schade, dass du mir das niemals gesagt hast, Baby.« Und danach verschwand er – was nicht weiter überrascht – für immer aus meinem Leben.

Ich war wie jemand, der seine eigene Geburtstagsparty feiert, und anstatt die Geschenke von den Gästen entgegenzunehmen und die Überraschung und Zuneigung zu genießen, die damit verbunden sind, eine Liste mit Geschenken in der Hand hält, die er unbedingt will und von deren Aussehen er eine genaue Vorstellung hat. Manchmal haben mir Menschen herrliche Geschenke gemacht, aber ich war zu sehr von mir selbst in Anspruch genommen, um sehen zu können, dass da überhaupt ein Geschenk war. Die meisten Menschen haben sich an irgendeinem Punkt ihres Lebens auf der einen oder anderen Seite einer solchen persönlichen Gleichung befunden. Ein Mann sagte einst zu mir, als er über unsere gemeinsam gemachten Erfahrungen sprach: »Ich hatte zwei Karten für die Meisterschaftsspiele und wusste leider nicht, dass wir nur Baseball spielten.«

Doch wenn alles, was Menschen wirklich sind, Liebe ist – und alles, was wir tun, darin besteht, diese Liebe zu vergrößern –, dann beschenkt uns jeder Mensch in jedem Augenblick unseres Lebens auf die eine oder andere Weise. Die mystische Macht liegt darin, dass wir uns fragen, worin das Geschenk besteht, und bereit sind, es zu empfangen.

Natürlich sind manche Menschen großzügiger als andere,

und manchmal besteht das Geschenk in dem, was wir aus einer Erfahrung lernen, und nicht darin, welche angenehmen Gefühle es in uns auslöst. Ja, manchmal kann ein Geschenk in einer sehr sonderbaren Verpackung daherkommen! Doch wenn wir unseren Geist dafür schulen, in jeder Situation zu fragen: »Worin besteht hier das Geschenk? Erkenne ich an, dass dies ein Geschenk ist? Nehme ich es an?«, dann ändert sich der Tenor unseres emotionalen Wesens. Dann stehen wir nicht nur vor dem Lebensbrunnen – nein, wir entscheiden uns dafür, das Lebenswasser zu trinken.

Jemand, der es nicht versteht, Liebe zu empfangen, wird sich am Ende natürlich ungeliebt fühlen. Er wird dann bitter oder zynisch werden, dadurch immer unattraktiver, die Liebe auf Distanz halten – und das wird ihn in seiner Überzeugung bestärken, dass das liebende Universum ihn übergangen hat. Und das lässt sich dann auch wohl kaum bestreiten …

In Wirklichkeit strömt immer Liebe auf uns hernieder, doch unsere Überzeugung, der Zweck von Beziehungen bestehe darin, unsere Bedürfnisse genauso zu befriedigen, wie wir sie definieren, hindert uns oft daran, Liebe zu empfangen. Fragt man nur: »Was bekomme ich hier?«, so tötet man die Liebe, da man damit die ganze Verantwortung auf den anderen abwälzt. Hingegen ist die Frage: »Welche Lektion kann ich hier erhalten?«, ein mystischer Schlüssel, der unser eigenes Herz aufschließt. Und das ist unser wichtigstes Bedürfnis: Dinge zu erleben, die uns liebevoller und liebenswerter machen.

Was wir erleben und was wir empfangen beruht in vieler Hinsicht auf unserer eigenen Entscheidung. Ein und dieselbe Erfahrung wird von verschiedenen Menschen oft vollkommen unterschiedlich erlebt; das hängt vom Wesen dessen ab, der sie macht. Eine Frau sagt vielleicht über den Mann, der sich von ihr getrennt hat: »Er hat mich verlassen.« Sie wird dann eine Gelegenheit mehr haben, sich wegen ihres »Problems mit dem Verlassenwerden« zu bemitleiden. Eine andere Frau – oder sogar dieselbe, die sich von diesem Gedanken mit der Zeit verabschiedet hat – sagt vielleicht: »Er hat getan, was er für richtig hielt. Und ich will mich nicht als ›Verlassene‹ betrachten. Ich wünsche ihm Glück für seinen weiteren Lebensweg, ich respektiere seine Entscheidung und bin ihm dankbar für das, was ich von ihm bekommen habe.« Wenn »Herzgeplapper« durch »Gedankengeplapper« ersetzt wird, dann strömt die Macht der Liebe mit ganzer Kraft.

Wenn unser Geist sich auf Glück und Segen statt auf Verurteilung konzentriert, so befinden wir uns in unserem natürlichen Zustand. Und der wird durch jeden Gedanken und jedes Wort bestimmt. Wir sind verantwortlich für alle Gespräche, die wir führen; sie werden vom Universum mitgehört. Die Menschen, die zu uns sagen: »Er hat dich verlassen, du solltest wütend sein«, sind vielleicht unsere Verbündeten, aber nicht notwendigerweise unsere spirituellen Gefährten. Das *I Ging* weist darauf hin, dass selbst Diebe Verbündete haben. Es ist tatsächlich möglich, die Gefühle eines Menschen zu bestätigen, gleichzeitig aber auch seine Fähigkeit anzuerkennen, über diese Gefühle hinauszuwachsen. Menschen, die zu uns sagen: »Ich weiß, dass du Kummer hast, aber könnten wir das Ganze mit anderen Augen betrachten? Könnten wir eine Möglichkeit finden, diesen Mann positiv zu sehen?«, sind unsere wahren spirituellen Gefährten, da sie uns helfen, den Geist der Liebe in uns selbst zu finden.

Im *Zustand* der Liebe sind wir Magneten für die Liebe. Wir sind dann buchstäblich liebenswerter und »brauchbarer« für sie. Dann hat die Liebe mit uns etwas Berauschendes und so sollte sie auch sein.

Einer der Zauberschlüssel für die Liebe ist, zu lernen, wie man einen geliebten Menschen *empfängt*: Sie verneigen sich innerlich vor dem Geist dessen, der Ihren Weg gekreuzt hat. Es ist so, als wenn Sie einen Gast an der Haustür empfangen und ihm das Gefühl vermitteln, dass er ganz besonders willkommen ist. Doch nichts von alledem geschieht dabei auf der äußeren Ebene; es wird innerlich empfunden und bindet das Herz des Geliebten an das Ihre.

Wir können jemanden nicht wirklich empfangen, ehe wir nicht gelernt haben, seine (oder ihre) vielen Gaben mit Wohlwollen und Dankbarkeit anzunehmen. Das Lächeln des oder der Geliebten ist ein Geschenk. Die Gedanken der oder des Geliebten sind ein Geschenk. Die Arbeit des oder der Geliebten ist ein Geschenk. Der Rat der oder des Geliebten ist ein Geschenk (das ist er wirklich!). Falls Sie nicht dieser Meinung sind – warum sind Sie dann mit diesem Menschen zusammen? Wenn Sie auf diese Frage antworten müssen, dass Sie das in der Tat nicht wissen, dann werden seine Geschenke und Gaben – sobald Sie beginnen, sie so zu betrachten – für Sie vielleicht interessanter.

Einmal hörte ich Pat Allen sagen, dass Männer das, was sie erzeugen, eigentlich für die Frauen tun. Männer sind von Natur aus Erzeuger, und eines der Dinge, für das sie sich ins Zeug legen, ist weibliches Begehren. Sowohl in unserem Sexualleben als auch in unserem emotionalen Leben ist das ein archetypisches Muster von großer Schönheit und Bedeutung. Aber eine Frau, die dieses Geschenk abblockt, indem sie es herabwürdigt, indem sie es einfordert oder sich in irgendeiner Weise dagegen sträubt, macht es einem Mann schwer, diesen fundamentalen Aspekt seiner selbst zu erleben. Dadurch wird dann beiden das erregende Gefühl für ihren gemeinsamen Tanz vorenthalten.

Wir leben in Beziehungen, um Aspekte unserer selbst zu erfahren, die wir nicht erfahren können, wenn wir allein sind. Einige dieser Aspekte sind Facetten unserer ansonsten einsamen Existenz, die sich erweitert, um ein anderes Wesen aufzunehmen.

Ich hatte stets das Gefühl, dass Gebete und Meditation für mich grundlegend wichtig waren, wenn ich gerade nicht in einer Beziehung lebte; aber ich war mir ihrer Macht nicht voll bewusst, sobald ich mich in einer Beziehung befand. Das änderte sich, als ich anfing zu begreifen, wie viel bei einer Beziehung auf innerer Arbeit beruht. Manchmal bemühen wir uns, diejenigen Bereiche von Gott fern zu halten, von denen wir meinen, sie seien nicht spirituell genug, um seine Aufmerksamkeit zu verdienen. Oder wir versuchen, sie vor ihm zu verstecken, weil wir uns vor dem fürchten, was er möglichweise davon halten könnte. Wer von uns wurde denn schon dazu erzogen, zu denken, Gott würde sich für das Rendezvous interessieren, das wir gestern Abend hatten? Eher doch dazu, was wir dabei taten! Nachdem ich diese Art von Denken hinter mir gelassen hatte, merkte ich allmählich, dass ich fast andauernd mit Gott über Dinge sprach, die für mich von großer Bedeutung waren.

»Lieber Gott, als er das gesagt hat, habe ich total überreagiert. Ich wusste, dass ich das nicht tun sollte, und ich wusste, dass ich ihn verurteilte, aber es war, als könne ich einen Teil meiner selbst nicht kontrollieren. Bitte, lieber Gott, heile mich von dem Teil meiner selbst, der dies ständig tut.«

So verliefen diese Gespräche zumeist. Und dann trat dieselbe Situation wieder ein und das Gespräch, das am folgenden Tag stattfand, entwickelte sich ungefähr so: »Weißt du, lieber Gott, als er das sagte, war das gar nicht so schlimm. Ich will nicht behaupten, ich hätte es mit völliger Gelassenheit aufgenommen, aber ich wurde auch nicht hysterisch. Bitte hilf mir, in Zukunft noch besser damit umzugehen.«

Schließlich ergab sich dieselbe Situation erneut und diesmal hatte ich das Gefühl, ich sei wirklich geheilt – und ich wusste, woher das kam. Immer mehr begann ich, meine Meditation und meine Gebete als Gelegenheiten zu betrachten, bei denen ich mit Gott Zwiesprache hielt, und zwar nicht nur über manche, sondern über alle Probleme, die ich im Leben hatte.

Spirituelle Praxis beruht auf innerer Stille und Stille ist die

Wurzel persönlicher Kraft. Von diesem Raum aus haben wir Zugang zum inneren Tempel Gottes. Es ist ein geheimer, heiliger Ort, der in allen Menschen existiert, weil Er ihn geschaffen hat. Wenn wir beten und meditieren, wird der Geist ganz instinktiv zu seinem Ursprung hingezogen. Dort finden wir Stärke und Gelassenheit und Führung und Liebe. Allein durch die Tatsache, dass wir Zeit an diesem Ort verbringen, ziehen wir Liebe auf uns, da jeder Mensch diesen Frieden im Unterbewussten in sich selbst sucht; und wir fühlen uns zu den Menschen hingezogen, die ihn bereits gefunden haben. Wenn wir an den Geliebten denken, während wir uns in diesem geheiligten Raum aufhalten und darum bitten, dass unsere gegenseitigen Empfindungen zu Gott erhoben werden, dann ist das so, als sei die Beziehung gesegnet worden. Die Stille zieht Liebe auf uns und bringt unsere Herzen zusammen. Einen Menschen, den wir in Gottes Stille gefunden haben, haben wir wirklich gefunden.

Schließlich lernte ich, dass ich die heilige Stätte von Gottes Liebe nicht nur in meinem eigenen Leben brauche; auch in meiner Liebesbeziehung darf sie nicht fehlen. So wie es in altmodischen Häusern früher oft kleine Altäre gab, sollte jede Liebesbeziehung einen Altarraum haben, einen Ort, wo wir uns einander zuwenden und sagen: »Lass uns beten.« Hier beten wir morgens gemeinsam. Hier kommen wir zusammen, um unsere Wut und unseren Groll abzuladen. Hierhin begeben wir uns mit unseren Empfindungen füreinander und mit den Entscheidungen, die wir als Paar treffen müssen. Hierhin gehen wir am Ende des Tages. Hier überantworten wir die Beziehung Gott und bitten ihn, sie für seine Zwecke zu nutzen. Eine verzauberte Liebe kann nur existieren, wenn man immer wieder zum Kern der Verzauberung zurückkehrt.

Der verzauberte Liebende ist imstande, *im Licht* der Liebe eines anderen Menschen zu stehen. Für Frauen ist dies besonders bedeutsam. Männer sind oft bereit, einer Frau ungeheuer viel zu geben, aber manche Frauen verstehen nicht, es anzunehmen, einfach, weil sie es nicht verstehen, still zu sein. Manchmal sind wir verlegen oder kommen uns unzulänglich vor, wenn ein Mann auf uns zugeht, und wehren ihn deshalb ab. Wir fangen an, irgendwelchen Unsinn zu plappern oder sagen: »Nein, nein, nein«, anstatt einfach zu lächeln und uns im Glanz seines Interesses zu sonnen. Wenn er weiterhin »gibt«, wir hingegen nicht »nehmen«, wird er schließlich das Interesse verlieren, da er Lust hat zu geben – doch einer Marmorstatue etwas zu geben, macht keinen Spaß.

Ich erinnere mich gut an eine Situation, die ich erlebte, als ich Anfang zwanzig war. Ich war zugegen, wie sich zwei Menschen, die zehn oder zwanzig Jahre älter als ich waren, in der Küche des Hauses von einem Gastgeber begegneten. Sie waren frisch verliebt, und es beeindruckte mich, wie die Frau auf den Mann reagierte, als er sie anschaute, wie wenn er sagen wollte: »Ich weiß nicht, was ich sagen soll, aber ich bin absolut verrückt nach dir.« Ihre Reaktion bestand in völligem Schweigen – ein geheimnisvoller Anblick, der auf mich wirkte, als wolle sie sagen: »Ich weiß auch nicht, was ich sagen soll, aber auf keinen Fall werde ich mich verstellen und diesen Augenblick verderben, indem ich etwas Dummes sage.« Ich kann nur vermuten, dass sie sich in einer Art wundersamer Seifenblase befanden, die sie beide umgab, aber in diesem Augenblick hatten die Intensität und die Reinheit ihrer Bindung eine heilsame Resonanz auf jeden, der im Zimmer war.

Ich schreibe Bücher und halte Vorträge; daher versteht es sich von selbst, dass ich mir der Macht der Worte bewusst bin. Aber ebenso bewusst ist mir – insbesondere als Frau – die Macht des Schweigens. Ich weiß nicht, ob irgendein Mann schon einmal besonders große Anstrengungen unternommen hat, um mich reden zu hören, aber ich kenne mehr als einen, der den Ozean überquerte, um bei mir zu sein, während ich schwieg. Es gibt nichts Mächtigeres als eine Frau, die es versteht, ihre Macht zu behalten und sie sich nicht nehmen lässt und die geheimnisvoll und schweigsam in dieser Haltung verharrt. Eine Frau, die zu viel spricht, verliert ihren Charme. Wenn eine Frau will, dass ein Mann etwas »erzeugt«, dann sollte sie zu der Dynamik beitragen, durch die er sich natürlicherweise dazu angespornt fühlt. Seien Sie ruhig und sonnen Sie sich in Ihrem Wissen. In dem Wissen, dass Sie schön sind. In dem Wissen, dass er gut ist. In dem Wissen, dass Sie begabt sind. In dem Wissen, dass er intelligent ist. In dem Wissen, dass Sie ein Glücksfall für ihn sind, so wie auch er ein Glücksfall für Sie ist. In dem Wissen, dass Gott bei Ihnen beiden ist. Wissen im Schweigen ist an sich schon eine mystische Kraft. Es zieht Harmonie an und macht alle Dinge vollkommen. Es ist mehr Fülle in der scheinbaren Leere des Kosmos als in der ganzen materiellen Welt zusammen.

Ein Quarterback (der wichtigste Spieler der Angriffsformation beim American Football) muss den Ball annehmen, ehe er mit ihm losrennen kann. Diese Aktion muss konzentriert und dynamisch sein und sie hat etwas, das Sie sich zu eigen machen sollten. Wenn Sie eine Frau sind, sollten Sie sich einen kraftvollen, ruhigen Augenblick lang Zeit lassen, in dem Sie das Kompliment, das ein Mann Ihnen soeben gemacht hat, genießen. *Er wird spüren, dass Sie es tun. Es befriedigt ihn zu wissen, dass er Ihnen »Nahrung« gegeben hat.* Danach werden Sie viel eher geneigt sein, etwas auf das Kompliment zu erwidern, das ihn faszinieren wird. Möglicherweise sagen Sie liebenswürdig: »Ich bin vielleicht ganz gut, aber, glauben Sie mir, Sie sind noch besser«, und da Sie das mit einer inneren dynamischen Ruhe gesagt haben, bestehen gute Chancen, dass dabei ein Ausdruck auf Ihrem Gesicht ist, der ihm den Wunsch einflößt, alles zu tun, um dieses Zusammensein im Schlafzimmer oder sonstwo fortzusetzen. Während dieser ganzen Zeit werden Sie fast nicht glauben können, wie leicht es ist, einfach das Licht der Sonne aufzunehmen und ihm zu gestatten, Sie zu wärmen. Sie strahlen selbst wie die Sonne. Und dann sehen Sie zu, wie Ihr Geliebter das Licht empfängt, Ihre Wärme fühlt, Ihre Finger küsst und Ihnen klar macht, wie sehr er Sie schätzt.

Das geschieht dann, wenn Sie wissen, dass Sie sich im Strom der Liebe befinden, auf dem Zauberteppich, auf einem der vielen Wege der gegenseitigen Anziehung – und langsam beginnt Ihnen bewusst zu werden, dass das Universum dazu geschaffen wurde, dass dies ewig so weitergeht. Wenn wir diese kleinen Schritte tun können – und sollte es auch nur ein Gespräch sein, in dem wir der Kraft der Liebe gestatten, ihr Werk zu tun, in dem wir so viel geben und so viel empfangen und so viel lieben und so viel zulassen, dass unsere Stromkreise explodieren und vollkommen neu miteinander verbunden werden, dann können wir uns vorstellen, dass das ganze Leben eines Tages so sein wird. Liebe wird dann einfach der Grundtenor, die Wirklichkeit aller Dinge sein – und kein Traum mehr. Wir werden unsere Träume in einem Wachzustand träumen. Wir werden lachen können, wie wir es nie zuvor konnten, und unser Hunger und unsere Tränen, unsere Frustration und unser Schmerz werden für immer verschwinden. Wir werden sie überwunden haben. Wir werden sie losgelassen haben.

Wir werden unseren Weg auf die andere Seite liebend zurückgelegt haben.

Lieber Gott,
bitte hilf mir zu sehen,
dass nur die Liebe wirklich ist.
Bitte hilf mir zu sehen,
dass mein Mitmensch unschuldig ist.
Bitte lass mich schon jetzt in den Himmel,
solange ich noch hier auf Erden bin.
Und dann, lieber Gott,
lass mich dort bleiben.
Amen

Siebtes Kapitel

Gnade und Vergebung

Ob du die Lichter ausmachst oder sie anlässt – ich werde dich in jedem Fall sehen.
Ob du mich zurückrufst oder nicht – ich werde dich in jedem Fall hören.
Ob du ja oder nein sagst – ich werde dich in jedem Fall lieben.

Vergebung segnet alles. Sie umgibt uns mit Gnade.

Vergebung ist nicht das, was geschieht, wenn jemand etwas Falsches getan hat und Sie in Ihrer spirituellen Überlegenheit die Großmut haben, ihm zu vergeben. Das ist nicht Vergebung, sondern Verurteilung – es ist herablassend und letztendlich selbstgerecht.

Wirkliche Vergebung, von einem metaphysischen Blickwinkel aus, bedeutet zu begreifen, dass nur die Liebe wirklich ist. Alle Liebe, die wir je empfangen haben, ist wirklich und alle Liebe, die wir je gegeben haben, ist wirklich. Alles andere ist eine Wahnvorstellung des sterblichen Geistes. Das bedeutet nicht, dass es auf physischer Ebene nicht geschieht, sondern nur, dass es jenseits der physischen Welt noch eine andere Welt gibt. Mit den Augen der Vergebung können wir diese Welt sehen. Durch Gnade können wir dahin gelangen.

Vergebung bringt uns dazu, über unsere gegenseitigen Fehler hinwegzusehen – nicht auf eine naive Art, sondern auf weise Art. Vielleicht habe ich etwas bemerkt, was der andere getan hat, und es auch zur Kenntnis genommen. Aber das bedeutet nicht, dass ich es ihm übel nehme. Die Fehler der Persönlichkeit sind keine Sünden, die Gott bestraft, sondern eher Irrtümer, die Er korrigiert. Und Gott möchte, dass wir lieben, so wie Er liebt, damit Sein Friede möglich wird. Vergebung ist ein göttliches Heilmittel, das uns über den Schmerz des Lebens hinweghebt und uns in höhere, süßere Sphären trägt.

Vergebung heißt nicht, dass wir keine Grenzen, Maßstäbe und Prinzipien mehr hätten. Gottes Liebe zerstört keinesfalls unsere Gehirnzellen; sie macht uns auch nicht dumm. Vergebung macht uns nicht schwächer, sondern viel stärker, da sie unsere Persönlichkeit in Einklang mit dem Wissen der Seele bringt.

Der Schlüssel zur Vergebung besteht nicht darin, die Unschuld des Geliebten zu *suchen*, sondern die Unschuld des Geliebten *vorauszusetzen*. Je näher wir jemandem sind, desto größer wird die Versuchung sein, das Verhalten dieses Menschen zu verurteilen. Die Vergebung zu einem grundlegenden Lebensprinzip zu machen ist der Schlüssel für eine verzauberte Liebe.

In jedem von uns ist ein unschuldiger Ort, der von all unseren Fehlern unberührt bleibt. Das Wissen darum ist das Mittel gegen die Finsternis der Welt, da es die Möglichkeit zur Verwandlung und Erneuerung bedeutet. Es weist die Niedertracht zurück, mit der der ichbezogene Geist immer wieder dafür sorgt, dass wir einander – im großen wie im kleinen Rahmen – angreifen. Internationale wie häusliche Konflikte haben ein und denselben Grund und werden auch im selben Grund enden. Vergebung ist das Heil der Menschheit.

»Er hat eine Menge Probleme«; »sie hält dich emotional als Geisel«; »das ist eine absolut koabhängige Beziehung«; »er nimmt es ganz selbstverständlich hin, dass du bei ihm bleibst.« Wie oft haben wir diese Worte gesagt oder gehört? Und wie oft entsprechen sie tatsächlich der Wahrheit! Aber die psychologische Relevanz kann ein zweischneidiges Schwert sein. Wenn wir nicht Acht geben, stellt sie nur eine weitere Versuchung dar, dem – in spiritueller Hinsicht – grausamen Drang nachzugeben, einen Mitmenschen anzugreifen, selbst wenn wir so tun, als wäre dies nicht der Fall. Wir behaupten dann, es ginge dabei gar nicht um Schuld. Aber es geht immer um Schuld. Der Gedanke, dass jemand schuldig ist, ist das Fundament der Hölle. Der Gedanke, dass jemand unschuldig ist, ist das Fundament des Himmels. Und in Himmel oder Hölle gehen wir nicht etwa erst nach unserem Tod. Himmel und Hölle sind hier, in diesem Augenblick.

Eine Liebesbeziehung kann ein heiliger Ort sein, der einem die Chance gibt, den Himmel auf Erden zu erleben. Aber das kann nur geschehen, wenn wir es als unsere heilige Pflicht betrachten, uns gegenseitig als unschuldig wahrzunehmen. Ironischerweise geschieht in einer intimen Beziehung oft alles andere als das – zu ihrem großen Schaden. Wie oft wird sie zu einem Ort der Gewalt, wo emotionale Messer aus vielen verborgenen Taschen gezogen und manchmal mitten ins Herz gestoßen werden. Für diejenigen unter uns, die unter solchen Wunden gelitten haben – oder sie anderen zugefügt haben – gibt es eine andere Alternative: Wir können unsere intime Beziehung zu einem Ort machen, in dem die Schuld keinen Platz hat. Vielleicht wird es uns nicht beim ersten Versuch gelingen. Aber sobald zwei Menschen sich gegenseitig das Versprechen geben: »Ich verpflichte mich dazu, dich als unschuldig wahrzunehmen«, ist die Beziehung von Gnade und Geborgenheit geprägt, die andernfalls nicht vorhanden wären.

Natürlich haben wir alle gelitten und haben Fehler im Leben gemacht. Doch jeder Mensch versucht sein Bestes. Wir können unsere Wahrnehmung in Bezug auf das Wesen menschlicher Fehler ändern, da wir wissen, dass das, was nicht Liebe ist, stets nur ein Ruf nach Liebe ist. Warum sollte ich – anstatt dir zu misstrauen – nicht annehmen, dass du verwundet bist wie ich und jeder andere Mensch? Warum nicht annehmen, dass wir zueinander hingezogen wurden, um unsere Wunden zu heilen? Eine intime Beziehung wird entweder unsere Schuld oder unsere Unschuld verstärken; das hängt davon ab, wozu wir uns verpflichten. Und in unserer Verpflichtung zur gegenseitigen Unschuld liegt unsere Verpflichtung zur Liebe Gottes. In unserer Vergebung liegt unsere Heilung und wir können nur von dem geheilt werden, was wir bereit sind, beim anderen zu vergeben.

Ich rufe in dir wach, was ich in dir sehe. Das heißt nicht, dass ich mir alles gefallen lasse. Es heißt nicht, dass ich nicht gesunde Grenzen hätte. Es heißt nicht, dass ich mich auf irgendwelche Spielchen einlasse. Es heißt nicht, dass du mit mir machen kannst, was du willst, oder mir Sand in die Augen streuen oder dich wie ein Kind benehmen kannst. Aber es heißt, dass ich meinen liebenden Blick auf dich – auf dein wahres Ich – richten werde und dass du für mich immer der Mensch sein wirst, den ich gesehen habe. Du kannst dich darauf verlassen, dass ich immer der Wahrheit treu bleiben werde, die ich in dir gesehen habe.

Eine solche Liebe ruft nach uns. Hinter allen Spielen, die wir spielen, steckt die Sehnsucht der Seele, keinerlei Spiele zu spielen. Sobald wir gesund sind, lassen wir sie sein. Wenn wir lieben, lassen wir sie noch schneller sein. Nachdem wir jahrzehntelang mit der Wut gekämpft haben, die wie ein Krebs unter unserer emotionalen Haut verborgen lag und uns alle zu psychologischen Sumoringern machte, beginnt unsere Heilungskrise abzuflauen. Es ist nicht länger Winter, sondern der Frühling unseres emotionalen Kreislaufs und der Liebe liegt – buchstäblich – in der Luft.

Öffne deinen Mund und nimm dieses Bonbon. Es ist sehr süß und wird dich sättigen, wenn du Hunger hast. Du brauchst dann kein Abendessen mehr. Was du brauchst, ist meine Süße, so wie ich deine brauche.

Später, wenn es belanglos geworden ist, werden wir zu Abend essen.

Seele und Persönlichkeit hauchen sich gegenseitig Leben ein. Eine Persönlichkeit ohne Seele ist trocken und schwerfällig, aber eine Seele ohne die Kraft der Persönlichkeit kann brüchig und flatterhaft sein. Die Ergänzung der einen durch die andere ist eine spirituelle Kunstform.

Wenn ich mich bis über beide Ohren in dich verliebe, so ist das eine Tat meiner Seele. Doch dass ich es wage, mich der Erfahrung hinzugeben – weil ich weiß, dass ich nichts Dummes tun werde, dass ich mich vor meinen weltlichen Verantwortungen nicht drücken noch auf meine eigene Stärke verzichten werde – ist nur deshalb möglich, weil ich Vertrauen in mich habe. Oft gehen die Menschen jeder psychologischen Arbeit aus dem Weg und meinen, ihre Seelenkraft mache alle Schwächen ihrer Persönlichkeit wett. Oder, umgekehrt, vermeiden es viele Menschen, auf ihre Seele Acht zu geben, weil sie psychologisch angeblich so gut Bescheid wissen, dass sie gar keine göttliche Erleuchtung benötigen.

Verzauberte Intimität erfordert ein Können in beiden Bereichen und eine Harmonie zwischen ihnen. Wir sind sowohl Mensch wie Engel, normaler Erdenbürger wie mythischer König, Erdmutter wie gute Hexe. Wir sind Sexualpartner, die sich zusammen vergnügen, aber auch Priester und Priesterinnen, die die Türen zu geheiligten Sphären öffnen. Vergisst man das eine, so wird man keine Macht bekommen. Vergisst man das andere, wird man keinen Spaß haben.

Auch wenn unsere Persönlichkeiten geschliffen, unsere Seelen jedoch nicht bereit sind, dann kann bei einer Beziehung alles mögliche Positive herauskommen – aber ein Zustand der Verzauberung wird nicht eintreten. Wenn hingegen die Seelen bereit sind, die Psychen jedoch nicht gerüstet sind, wird die Beziehung bald mit psychischem Blut bespritzt werden. Zu Beginn der Liebe betreten wir einen Tunnel und bewegen uns darin so gut, wie wir es vermögen. Doch wenn wir den Tunnel wieder verlassen, sind wir notgedrungen verwandelt, sonst müssen wir eines Tages zurück und noch einmal hineingehen. Wir sind auf dieser Erde, um Arbeit zu verrichten, und Beziehungen sind wie

Werkstätten, in denen Arbeit geleistet wird. Ohne diese Arbeit gibt es kein inneres Wachstum. Offen dafür sein, an sich selbst zu arbeiten, und offen sein für Beziehungen ist letztendlich dasselbe. Jede Situation, in der wir uns je befinden, hat in irgendeiner Weise mit einer Beziehung zu tun.

Die wichtigste Arbeit an Liebesbeziehungen leisten wir oft dann, wenn wir gerade ohne Partner sind. Wie wir über Liebe denken, wenn wir sie nicht erleben, hat viel Einfluss darauf, wie sie sein wird, wenn wir mit ihr konfrontiert sind. Falls wir negative Gedanken über die Intimität hegen, wenn wir allein sind, so werden sich diese Gedanken nicht auf wundersame Weise ändern, wenn ein intimer Partner in unser Leben tritt – es sei denn, wir machen uns diese Gedanken klar und legen sie ab. Ansonsten werden diese Gedanken eine neue Beziehung überwuchern, so wie Unkraut in einem Garten frische Pflänzchen überwuchert.

Unsere Ängste, die wir angesichts der Liebe entwickeln, können viele Formen annehmen. Manchmal haben wir das Gefühl, wir seien hoffnungslos »verkorkst«, und meinen, niemand könne uns lieb haben. Gedanken wie diese können die Liebe daran hindern, sich uns zu nähern. Unsere Mitmenschen versuchen dann oft geduldig, uns klar zu machen, dass das nur negatives Denken ist und wir es ändern müssen. Ja, es *ist* negatives Denken, aber *wir selbst* sind nicht imstande, es zu ändern. Eines müssen wir uns bewusst machen: Die Liebe ist ein Wunder. Sie ist Gottes Werk. Es ist ein Geheimnis um sie, und wenn wir das vergessen, so haben wir wesentlich geringere Chancen, Liebe auf uns zu ziehen und sie zu bewahren.

In den Zeiten, in denen gerade keine Liebe in unserem Leben ist, ist sie auf dem Weg zu uns. Wenn Sie wissen, dass ein besonderer Gast um fünf Uhr kommt, werden Sie dann den Tag damit zubringen, das Haus auf den Kopf zu stellen? Natürlich nicht. Vielmehr bereiten Sie sich auf seinen Besuch vor. Und so sollten wir es auch mit der Liebe halten.

Lieber Gott,
ich möchte liebenswert
und bereit für den Geliebten sein.
Bitte nimm die Mauern fort,
die mein Herz umgeben.
Bitte hilf mir, die »Spielchen« abzulegen,
die ich spiele
und mit denen ich mir die Freude am Leben versage.
Bitte mache mich neu,
damit ich
eine verzauberte Liebesbeziehung erlebe.
Und dann schicke mir
meines Herzens Lust.
Bitte öffne die himmlischen Tore,
damit Liebe meine Seele überflutet.
Amen

Partnerschaften existieren letzten Endes, da die Himmelsleiter an einem bestimmten Punkt aufhört und wir nicht weitersteigen können, ehe wir nicht einen Menschen gefunden haben, den wir lieben. Es gibt eine Unmenge Arbeit, die Sie an sich selbst tun können, indem Sie allein auf Ihrem Meditationsstuhl sitzen. Sie können sagen: »Lieber Gott, ich hasse mich selbst, wenn ich überreagiere. Ich kann gar nicht glauben, dass ich das bin«, und Gott wird Sie hören. Aber Seine Antwort wird durch einen Mann erfolgen, der zu Ihnen sagt: »Ich mag es nicht, wenn du so reagierst, und ich werde dich verlassen, wenn du dich weiterhin so verhältst.« Dann lernen Sie die Lektion auf eine ganz neue, nicht nur abstrakte, sondern praktische Weise. Sie haben die Gelegenheit, sich zu üben: das heißt, Ihre Rolle in der Beziehung zu spielen – und zwar von einem Ort in Ihnen aus, der nicht überreagiert –, sich zu entscheiden, Ihr höheres Selbst zu sein und dort Stärken zu entwickeln, wo Sie zuvor schwach waren. Ihr Denken war wichtig, Ihre Gebete waren wichtig, Ihre Meditationen waren wichtig – aber erst die Tatsache, dass Sie sich auf die Beziehung wirklich eingelassen haben, macht den Unterschied aus zwischen einer Lektion, die gelernt ist, und einer, mit der man sich nur rein gedanklich beschäftigt hat. Auch der Versuch, diesen Teil Ihrer selbst durch Psychotherapie oder in Selbsthilfegruppen »in Ordnung zu bringen«, wird vermutlich nicht ausreichen, um Sie wirklich zu ändern. Es braucht praktische Lebenserfahrung und die Gnade Gottes, damit sich ein Mensch wahrhaft ändert.

Zum Vergeben gehört dazu, nicht zu erwarten, dass Menschen sich nach unseren Vorstellungen richten. Das ist tausendmal leichter gesagt als getan.

Ich regte mich einmal furchtbar auf, weil ein Mann mich nicht anrief, obwohl er es mir versprochen hatte. Eigentlich eine Lappalie, aber man empfindet es anders, wenn man in der Situation steckt. Mein Freund hatte eine Woche lang nicht angerufen, obwohl wir beim letzten Gespräch, das wir miteinander geführt hatten, an einen sehr intensiven emotionalen Punkt gekommen waren. Im Laufe der Woche entwickelte ich furchtbare Ängste.

Ich lief unruhig hin und her und beschuldigte einmal ihn und dann wieder mich. Dem Ich ist es egal, wem Sie die Schuld geben, solange Sie *irgendjemandem* die Schuld geben. Aber nur weil eine Situation schmerzlich ist, muss nicht unbedingt jemand Schuld haben. Die Frage der Schuld muss nicht einmal Gegenstand der Überlegung sein. Alle Menschen sind in Gottes Augen unschuldig.

Ich versuchte, ihn positiv zu sehen und auch mich positiv zu sehen, aber der Schmerz hörte nicht auf. Ich betrachtete die Situation so objektiv, wie ich konnte, und sagte mir selbst, dass ich ihn offenbar noch immer verurteilte, denn sonst hätte ich inneren Frieden gehabt. Ich begriff, dass ich – obwohl ich auf einer sehr oberflächlichen Ebene weder ihn noch mich verurteilte – noch immer dachte, dass (1) sich *Männer nun einmal so verhalten* (ich enthielt mich hierbei jeglichen Urteils!) und (2), dass ich eben solche Männer anzog, was *mein* Problem war (und was nicht gerade für meine Selbstachtung sprach). Der Schmerz, den ich empfand, war wie der Schmerz, den man bei einer Grippe hat – man weiß nicht mehr, wie er sich anfühlt, ehe er wieder auftaucht; dann erst begreift man, dass er einem wohl bekannt ist. Ich betete um Frieden. Ich wollte ein Wunder. Ich wollte nicht von dieser entsetzlichen Angst geschüttelt werden.

Ich erinnerte mich an den Ausspruch, wonach uns nur das, was wir nicht geben, irgendwann einmal fehlen kann. Da wurde mir klar, dass das Problem gar nicht darin bestand, dass dieser Mann sich auf eine ganz bestimmte Weise verhielt; das wahre Problem bestand vielmehr darin, dass ich dieses Verhalten missbilligte. Nicht seine Handlung, sondern vielmehr mein eigenes verschlossenes Herz verursachte mir Schmerz. Letztendlich war das Problem nicht, dass er nicht angerufen hatte, sondern dass ich gemeint hatte, er müsse es tun. Was mein Ich als »Männer benehmen sich eben so« interpretiert hatte, war in Wahrheit nur eine Mauer, gegen die sie anrannten und hinter der ich nicht bereit war, sie so zu lassen, wie sie waren, ohne sie dafür zu verurteilen. Natürlich brachten sie mich damit immer wieder auf die Palme, da der Zweck einer Beziehung darin besteht, innerlich zu wachsen; und da, wo unsere Liebe an Bedingungen gebunden ist, benötigen wir inneres Wachstum.

Beide Partner bringen ihre eigenen Schwierigkeiten in eine Beziehung mit ein. Natürlich hatte er seine, aber die gingen mich nichts an. Mein eigenes Problem in dieser Situation war meine Unversöhnlichkeit, meine begrenzte Fähigkeit, Menschen so zu akzeptieren, wie sie sind. Die meisten Menschen kommen in ihrem Leben immer wieder an einen Punkt, an dem sie aus irgendeinem Grund nicht fähig sind, wirklich zu verzeihen. Der Weg zu Gott, der Weg zu unserer Heilung, ist der Weg, auf dem wir lernen, bedingungslos zu lieben. Meine Liebe war eine Liebe, die besagte: »Ich werde dich lieben – wenn du auf eine bestimmte Weise handelst.« *Meine* Wunden – nicht nur seine – waren hier das Problem.

Manche Menschen mögen nun fragen: »Aber musst du, um das zu verstehen, dich mit jemandem verabreden, der verspricht, er werde dich anrufen, und es dann nicht tut?« Nein, sicherlich nicht. Nur – solange ich diese Art von Verhalten nicht verzeihen kann, werde ich immer wieder darauf stoßen. Vergebung bedeutet nicht, dass ich nicht die Möglichkeit habe, eigene Entscheidungen zu treffen oder eigene Macht zu besitzen. Es bedeutet lediglich, dass ich meine Entscheidungen aus freien Stücken fällen kann – ohne Schuldgefühle oder Angst. Eine solche Haltung verleiht tausendmal mehr Macht als eine, die von Wut geprägt ist.

Natürlich sagte ich zu mir: Du musst über diesen Mann hinwegkommen. Ich erinnere mich daran, dass ich einer Freundin erklärte: »Er ist eben nicht bereit für eine so intensive Erfahrung.« Aber da hörte ich eine innere Stimme, die zu bedenken gab: »Ach wirklich? Wer ist hier nicht bereit dazu?« Wenn ich das, was ich für Liebe hielt, mit diesem Mann geteilt hätte, dann wäre diese Liebe – von einem spirituellen Blickwinkel aus betrachtet – nicht von dem beeinflusst gewesen, was er tat oder nicht tat. Liebe ist Inhalt, nicht Form. Nicht das Verhalten des anderen bestimmt unsere Liebe. Solange wir einem anderen Menschen vorschreiben, wie er sich verhalten soll, wollen wir sein Gefängniswärter, nicht sein Liebespartner sein – und werden zudem keinen Frieden finden.

Wenn unsere emotionale Stabilität davon abhängt, was andere Menschen tun oder nicht tun, dann besitzen wir keine wirkliche Stabilität. Erst wenn unsere emotionale Stabilität auf einer Liebe beruht, die keinen Veränderungen unterworfen ist, erlangen wir die Stabilität Gottes. »Lass ihn los, Marianne«, sagte ich zu mir. »Alle Seelen sind miteinander verbunden und er kann – wenn vielleicht auch nur im Unterbewussten – fühlen, dass du ihn nur akzeptierst, wenn er sich deinem Willen unterwirft. Lass ihn in Ruhe.«

Zuerst hatte ich Gott gebeten, mich aus meiner Bindung zu diesem Mann zu lösen, aber dann begann ich zu begreifen, dass Gott mich nicht von etwas befreien konnte, was ich nicht loslassen wollte. Wie meine Freundin Mary Manin Morrissey sagt: »Gott kann nur das für uns tun, was Er durch uns tun kann.« Gott gibt uns Seine Stärke, indem er uns Seine Sicht der Dinge vermittelt. Nur indem wir andere Menschen als unschuldig betrachten, erreichen wir Gottes Frieden.

Solange ich an dem Gedanken festhielt: »Wenn er mich lieben würde, dann würde er mich anrufen«, verurteilte ich ihn insgeheim, wenn er es nicht tat. Dadurch war ich empfänglich für Schmerz. Meine Behauptung, ich würde ihm vergeben, dass er mich nicht anrief, bedeutete nichts, solange ich ihn überhaupt dafür verurteilte! Ein Wunder ist eine Veränderung in der Wahrnehmung von Angst hin zu Liebe und ich vollbrachte diese Veränderung, indem ich sagte: »Ich habe erfahren, dass wir miteinander verbunden sind. Diese Verbundenheit ist unberührt davon, ob er auf der körperlichen Ebene je zu mir zurückkommt.« Ich besaß, was mir zustand, ich genoss, was mir zustand, und als er dann schlussendlich anrief, war ich gänzlich befreit.

Lieber Gott,
bitte erlöse mich von der Versuchung,
einen anderen Menschen kontrollieren zu wollen.
Ich lege diese Beziehung
in die Hände des göttlichen Geistes.
Möge sie gesegnet sein,
möge sie liebevoll sein,
möge sie frei von meiner Unversöhnlichkeit sein.
Amen

Tiefe Beziehungen sind schwierig, sie sind unbequem, sie erfordern viel Arbeit. Wir sind gezwungen, uns mit den Dingen in uns selbst zu konfrontieren, die wir theoretisch zwar wissen, oft aber nicht in die Praxis umsetzen können. Ein Geliebter, dem wir uns ohne weiteres anvertrauen können, ist einer, der versteht, dass wir an unseren Schwächen arbeiten, und der uns nicht bestraft, wenn uns kein Erfolg beschieden ist. Ein gefährlicher Geliebter ist einer, der Ihnen entweder absichtlich einen Fuß in den Weg stellt, sodass Sie zwangsläufig darüber stolpern müssen, oder zu Ihnen sagt, Sie seien ein Tölpel, wenn Sie es tun. Diese Menschen sind keine guten Partner für eine verzauberte Reise; sie sind Partner für die Hölle. Wir tun recht daran, uns von ihnen zu entfernen; sie dienen weder uns noch Gottes Sache. Dass wir jemandem vergeben, bedeutet nicht, dass wir diesen Menschen nie verlassen können. Der Abschied fällt uns da leichter, wo wir in unserem tiefsten Inneren wissen, dass die beste Lösung darin besteht, wegzugehen. Mit Gott reisen heißt leicht reisen.

Oberflächliche, neurotische Beziehungsdramen unterstützen nicht unsere Bewegungen – oder die des Planeten – in Richtung Gottes. Ihr vorherrschendes Merkmal ist, dass sie sich immer im Kreis drehen, und das Quälende in der Beziehung scheint sich letztlich nie aufzulösen. Obwohl man in diesem Fall sicherlich verstehen kann, warum der Geist Sie dazu gebracht hat, die tiefsten Wunden beim anderen zum Vorschein zu bringen, wirkt es nicht so, als seien die Partner bereit, eine Wunde in eine geheiligte Wunde zu verwandeln und die Beziehung zu einem geheiligten Umfeld zu machen. In diesen Beziehungen wird mehr verurteilt als vergeben, ist mehr Gegeneinander als Miteinander, verhält man sich defensiv, statt persönliche Verantwortung zu übernehmen. Dieses unaufhörliche Wiederholen des immer gleichen Kreislaufs ist nicht liebevoll, sondern lediglich dysfunktional.

Eine Frau erzählte mir einmal, dass sie sich aufrege, weil ihr

Freund ihr nicht zum Geburtstag gratuliert habe. Ich fragte sie daraufhin: »Hat er deinen Geburtstag *vergessen* oder hat er ihn *ignoriert*?« Wenn er ihn nur vergessen hatte, dann gab es tausend Möglichkeiten, wie er den Schmerz mit einer Entschuldigung und einer kleinen Anstrengung aus der Welt schaffen konnte. Aber wenn er ihren Geburtstag – und sei es auch nur halb unbewusst – ignoriert hatte, um ihr verstehen zu geben, dass sie nichts von ihm zu erwarten habe, dann war er nicht nur vergesslich, sondern lieblos. Und zumindest liebevolle Aufmerksamkeit sollte vorhanden sein.

Gott gibt uns in unseren Beziehungen hervorragende Gelegenheiten, sehr viel zu lernen – aber ob wir diese Gelegenheiten nutzen oder nicht, liegt ganz an uns. Eine Beziehung ist dann heilig, wenn beide Partner das kosmische Spiel verstehen, das hier gespielt wird: »Meine Schwächen sehen deine Schwächen. Willst du, dass wir miteinander tanzen und zusammen stark werden?« Wenn dieser bewusste Rahmen nicht existiert, dieses geheiligte Umfeld für die Probleme, die auftauchen, dann wird Unbewusstheit und letztlich Schmerz unsere Interaktionen beherrschen. Ganz gleich, wie romantisch unser Zusammenleben war, ganz gleich, wie wundervoll der Sex und wie berückend das Lächeln war – alles wird dann in brennenden Flammen untergehen und wir werden nicht verwandelt werden, sondern lediglich verbrennen.

Wenn wir versuchen, dem anderen zu vergeben, so sollten wir uns ins Gedächtnis zu rufen, dass er genauso viel Schmerz ertragen hat wie wir, dass er genauso verängstigt ist wie wir und dass niemand vollkommen ist. Ist dies beiden Partnern in einem Augenblick geteilten Mitgefühls bewusst, so bedeutet das nicht, dass unsere eigenen Grenzen brüchig sind, sondern nur, dass unsere Herzen offen sind. Wir können dieses tiefere gegenseitige Akzeptieren in ein diszipliniertes Mitgefühl verwandeln. Doch bis wir das tun, werden wir versucht sein, den anderen anzugreifen, und immer, wenn wir einen anderen angreifen, greifen wir im Grunde uns selbst an. Ich erinnere mich, dass ich einmal zu jemandem sagte: »Wenn du *mich* angreifst, greifst du *uns beide* an.«

In uns allen steckt der wilde Kampfhund des Ego. Er ist genauso bösartig zu anderen wie zu uns selbst. Dieses wilde Tier kontrollieren zu lernen und es am Ende gänzlich abzutöten ist das Ziel erleuchteter Beziehungen.

Niemand bringt das wilde Tier schneller zum Vorschein als der Mensch, den zu lieben wir beschlossen haben. Beispiel: Du erinnerst mich an meine Mutter (oder meinen Vater), deshalb muss ich dich – psychisch – vernichten. Du erinnerst mich an jemanden, der mich liebte, mich dann aber erniedrigte; deshalb muss ich dich – psychisch – vernichten. Du wirst dich wahrscheinlich über mich lustig machen, sobald du mich wirklich kennst; deshalb muss ich dich – psychisch – vernichten.

Was für eine zornige, rebellische Generation wir doch waren! Was für dicke Mauern haben wir um den Burggraben herum errichtet, den wir um die Festung herum aushoben, hinter der wir unsere verwundeten Herzen verschanzten. Und selbst wenn unsere Gebete einmal erhört wurden und es einem Prinzen gelang, hinter die Mauer zu gelangen, über den Burggraben hinweg, durch die Festung und fast auch in unser Herz, dann schickten wir einen Wachtposten vor, der einen Pfeil auf ihn abschoss und ihn an seinem Ziel hinderte. Unser Motto in Sachen Liebe lautete: »Lass ihn nicht an dich herankommen!«

Aber nun gibt es einen wahren Massenexodus, der aus den Burgmauern hervorbricht. Rapunzels Prinz fiel vom Turm und wurde blind. Rapunzel verlor ihr langes Haar und verbrachte viele Jahre im Exil, aber dann fanden sie sich doch wieder. Ihre Tränen auf seinen Augen gaben ihm das Augenlicht zurück und sie lebten bis ans Ende ihrer Tage glücklich zusammen. Das ist der Teil der Geschichte, den wir uns als Beispiel nehmen können: dass unsere Tränen sich in Balsam verwandeln können, mit dem wir einander heilen und trösten – nach so vielen Jahren der Missverständnisse.

Ich habe ein Geschenk für dich. Es ist eine Halskette aus Blumen. Die eine Blume ist die Blume der Vergebung, die zweite ist die Blume meines Verstehens und die dritte ist die Blume meiner Herausforderung an dich.
Welche Herausforderung, fragst du? Dich mir so zu zeigen, wie du bist. Aber wirst du mich dann immer noch wollen? Ja, das werde ich und ich werde dich umso mehr lieben.

Versuchen Sie einmal das Folgende: Falls Sie in einer Partnerschaft leben, so einigen Sie sich darauf, sich gegenseitig einen Brief zu schreiben. In diesen Briefen sollten Sie Ihre tiefsten persönlichen Ängste in Ihrem Leben und Ihrer Beziehung offenbaren. Vielleicht sollten Sie die Briefe schreiben, während Sie nebeneinander sitzen, oder sie zumindest zur selben Zeit verfassen. Bevor Sie die Briefe dann tauschen, sollten Sie übereinkommen, *sie nicht zu lesen*. Dem Ritual entsprechend sollten Sie sagen: »Ich bin bereit, deine Ängste zu halten, möchte ein Raum für das Wunder sein, das sie aus der Welt schafft. Aber ich möchte nicht zu weit gehen; ich will meine Finger nicht in eine offene Wunde stecken. Ich werde nicht auf das schauen, was du nicht bereit bist, mir zu zeigen, noch hören, was nicht für meine Ohren bestimmt ist.« Und nun müssen Sie ein Risiko eingehen: Vereinbaren Sie, den Brief Ihres Geliebten an einen bedeutsamen und geheiligten Ort zu legen, und lassen Sie ihn – ungelesen – dort. Vielleicht möchten Sie auch einen Altar für Ihren Liebsten einrichten, einen sauberen und schönen Platz in Ihrem Haus, dem Sie Gedanken und Gegenstände, die Ihren geheiligten Bund fördern, anheim geben.

Und dann, eines Nachts oder eines Morgens, wenn die zunehmende Vertrautheit zwischen Ihnen Sie beide sicherer und mutiger macht, wird einer von Ihnen sagen: »Du kannst meinen Brief jetzt lesen.« Oder vielleicht möchten Sie Ihren eigenen Brief laut vorlesen. Aber Sie sollten zuvor beten und Gott bitten, Ihnen beizustehen, und ihm Ihre Ängste, die Ihres Geliebten und Ihrer beider Reaktionen überantworten.

Beten Sie: »Hilf mir, lieber Gott, die Unschuld meines Geliebten zu sehen, und bitte hilf ihm, meine zu sehen. Mach, dass wir dadurch stark werden, dass wir unsere Schwächen offenbaren. Mach, dass unsere Liebe dadurch tiefer wird, dass wir unsere Ängste eingestehen.« Küssen Sie sich, ehe Sie die Briefe öffnen. Dann wird der Zauber seine Wirkung tun und Ihre Worte in Medizin verwandeln. Dann wird Ihre Verwundbarkeit Ihrer Liebe Glück bringen, auch wenn sie zuvor einen negativen Einfluss auf sie hatte.

Wir alle machen Fehler, wir alle haben Ängste und wir alle haben Schwächen. *Hinter* alldem steht unser essentielles Selbst. Wenn unser essentielles Selbst mit einem anderen Kontakt aufgenommen hat, dann entsteht ein blendendes Licht, das das ganze Universum ausfüllt. Die Herausforderung, die mit dieser Verzauberung einhergeht, besteht darin, diesem Licht treu zu bleiben und daran zu glauben – selbst wenn es einmal nicht so sichtbar ist. Dann wird dieses Licht zu einem strahlenden Schein, der alles umgibt. Das Alltägliche beginnt zu leuchten, nicht nur für ein paar Wochen oder für ein Jahr, sondern das ganze Leben lang – und darüber hinaus.

Es bedarf der Hingabe, das Licht in einer Liebesbeziehung zu erbitten und es dann zu bewahren. Es bedarf des ehrlichen Willens zur Vergebung, des festen Vorsatzes, uns auf die Unschuld unseres Geliebten zu konzentrieren, auch wenn sie nicht offenkundig ist. Selbst wenn dieses Licht von Wolken verhüllt wird, wenn er (oder sie) dieses oder jenes gesagt oder getan hat, gibt es noch eine tiefere Wahrheit als jene, die von den Machenschaften des Egos offenbart wird. Die Macht liegt darin, das zu *wissen*, ruhig zu bleiben, obwohl man es weiß, bereit zu sein, alles loszulassen außer das absolute und sichere Wissen, dass die Liebe, die Sie beide beieinander gespürt haben, und das Licht, das dabei zutage trat, wirklich sind und immer wirklich sein werden.

Manchmal stecken wir mitten in furchtbaren Kämpfen und eine Stimme in uns sagt: »Das kann nicht die Wirklichkeit sein!« Und wir tun recht daran, das zu denken. Der Kampf zwischen Ihnen ist nicht wirklich. Nur die Liebe existiert auf einer unzerstörbaren kosmischen Ebene. Es genügt, das zu wissen, um den Raum zu schaffen, in dem das Wunder geschehen kann.

Das Wunder könnte darin bestehen, dass zwei Menschen, die eben noch miteinander gerungen und gestritten haben, sich nun anschauen und anfangen zu lachen. Es kann auch bedeuten, dass einer oder beide Partner traurig, aber mit liebevollem Herzen, begreifen, dass es Zeit ist, sich zu trennen, dass die körperliche Nähe nicht länger zur gegenseitigen Entfaltung beiträgt. Bei der Verzauberung kommt es nicht darauf an, ob die Körper zusammenbleiben oder nicht, sondern ob die Herzen und die Gemüter sich aussöhnen. In Gottes Welt ist der Inhalt wichtiger als die Form. In unserer heutigen Welt ist Form alles und Inhalt praktisch nichts. Darum leiden wir. Und darum ist es an der Zeit, auf etwas Besseres zuzugehen.

Und Gott in seiner Gnade hat uns einen Weg gezeigt.

Lieber Gott,
wir legen diese Beziehung in Deine Hände
und bitten darum, dass sie Deinen Zwecken dienen möge.
Mögen unsere Ressourcen und Talente,
unsere Energien und unsere Liebe
vereint und in Deinen Dienst gestellt werden.
Mögen wir gemeinsam mehr ausrichten
als allein.

Möge das Licht, das um uns ist,
für immer scheinen.
Möge der Raum unserer Liebe
ein Raum der Heilung sein
für uns und für die ganze Welt.
Amen

Achtes Kapitel
Partnerschaft

Ich kann nicht einschlafen, wenn ich mein Bein nicht um deines geschlungen habe. Ich kann nicht wach bleiben, wenn mein Geist nicht deinen umhüllt. Ich kann nicht in den Himmel gelangen, wenn mein Herz nicht deines umgibt.

Habe ich genug gesagt ...?

Manchmal kann die Energie eines anderen Menschen wie eine riesige Last auf uns wirken, die wir nicht zu tragen vermögen. Es ist dann so, als versuchten wir ein Flugzeug zu starten, und zu viel Gewicht ist dabei einfach hinderlich.

Sobald das Flugzeug in der Luft ist, kann sich die Situation vollkommen ändern. Hatten wir zuvor noch den Eindruck, wir könnten nicht abheben, wenn ein anderer Mensch uns belastet, so haben wir nun allmählich das Gefühl, es sei eine zu große Aufgabe für eine Person, ein Flugzeug in der Luft zu halten.

Und das sind ja Partner: zwei Menschen, die dieselbe Last tragen, zwei Flügel an demselben Flugzeug, zwei Menschen, die eine Aufgabe versehen, die für einen allein zu groß wäre. Heutzutage wird unser Planet mit machtvoller Energie bombardiert; man überträgt den Menschen Aufgaben, die zu schwer sind, als dass sie sie allein tragen könnten – nicht zu schwer im körperlichen Sinne, sondern zu schwer für das Bewusstsein. Wir brauchen Partner, um die emotionale und spirituelle Last unseres Lebens zu teilen – in einer Zeit, wo sich das Leben selbst grundlegend wandelt. Manchmal kann man die ganze anfallende körperliche Arbeit selbst bewältigen oder andere Leute als Hilfen engagieren. Doch wie sehnen wir uns am Ende des Tages nach einem Menschen, der das alles *versteht*! Wenn uns nach einem kleinen, boshaften Lachen zumute ist oder wir schmerzliche Tränen vergießen müssen, sehnen wir uns danach, dies mit jemandem zu tun, der sowohl die Intensität unseres Lachens als auch unserer Tränen wirklich versteht.

Wenn Sie sehr, sehr glücklich sind, dann wissen Sie, wie es ist, wenn zwei Herzen im gleichen Astralleib schlagen. Sie schauen mit Ihren Augen und er mit seinen, aber in Wirklichkeit sind Sie beide nur ein einziges Wesen, mit zwei verschiedenen Körpern, um in der körperlichen Welt optimal funktionieren zu können. In diesem Fall wird die körperliche Trennung als Fantasie und Illusion erlebt – was sie, im kosmischen Sinne, ja auch ist. Das ist etwas Erregendes, Berauschendes, ja zuweilen Erschreckendes, da es etwas ist, das über das Körperliche hinausgeht. Ja, die Welt der verzauberten Partnerschaft ist eine gänzlich neue Welt.

Verzauberung ist nicht einfach eine Facette einer Liebesbeziehung, sondern eines neuen, aufstrebenden planetarischen Bewusstseins. Es ist der psychische Mutterschoß, aus dem eine neue Menschheit geboren werden wird. Verzauberte Partnerschaften erzeugen verzauberte Umfelder, und Kinder, die in verzauberten Umfeldern aufwachsen, werden ihr Leben lang von ihrer Magie geprägt sein. Sie werden ihrerseits die Welt neu erschaffen. Sie werden die Schöpfungsmythen früherer Zeiten zerstören. Sie werden die Erbschaft unseres unbegrenzten Reichtums, unserer Liebe und Zufriedenheit und unseres immer währenden Friedens erhalten. Ihre Herzen werden weit werden und ihre Gene werden von einem spirituellen Lichtstrom verändert werden. Sie werden singen, was wir singen, und sie werden wissen, was wir wissen. Und selbst wenn ihr Geist vergisst – ihre Herzen werden sich immer erinnern.

Du hast gesagt: Ich bin mein ganzes Leben lang geschwommen, aber diese Dinge habe ich nie gesehen. Du magst geschwommen sein – doch nie ohne die Angst, zu ertrinken. Leg dich auf den Rücken und ich werde dich schwimmend nach Hause bringen. Die Sterne werden uns leiten, die Wellen werden uns tragen und all unsere Ängste werden dahinschwinden. Gib dich jetzt hin. Das Meer streichelt dich. Gemeinsam werden wir uns zum Himmel aufschwingen und alle Dinge lieben lernen.

Liebe zulassen bedeutet, eine Leere zulassen, die immer das Gefühl auslöst, wir könnten unter Umständen nicht mehr zurückkehren. Es braucht Vertrauen und Selbstsicherheit, sich einem Ozean hinzugeben, der einen vielleicht nicht trägt.

Die Verzauberung zwingt uns, unseren altgewohnten Boden hinter uns zu lassen. Er nährt uns nicht länger, vielmehr droht er, uns zu zerstören. Leben wir nur auf trockenem Gelände, so verliert unser Geist an Spannkraft und unser Körper an Vitalität. Das Leben führt uns ins Meer zurück.

Verzauberte Liebende geben sich nicht mit Langeweile, Alltagsroutine und einer leidenschaftslosen Existenz zufrieden. Sie haben einen Augenblick lang ein ganz anderes Leben gefühlt, und wenn auch die meisten Paare es der Welt gestatten, sie in ihrer Freude und Freiheit zu beschneiden, so sagen doch heutzutage immer mehr Menschen: »Lass uns in diesem Licht bleiben. Lass uns nicht zurückgehen.« Lass uns nicht zurückgehen zu dem, wozu man uns zwingt; lass uns von nun an für ein Ziel leben: für die ekstatische Vereinigung und ihre endlosen Chancen zur Entwicklung. An einem gewissen Punkt ist äußeres Wachstum nicht mehr möglich, ehe nicht inneres Wachstum stattgefunden hat. Und dieses innere Wachstum bedarf einer vereinten Anstrengung; es bedarf aller unserer spirituellen, psychologischen, emotionalen, ja sogar unserer intellektuellen Fähigkeiten, um den Raum für unsere Verzauberung zu schaffen und zu erhalten; doch diese Anstrengung wird die Sterne am Himmel nur noch heller erstrahlen lassen. Es ist ein gesegneter Augenblick, wenn wir uns an den Händen fassen und sagen können: »Auch wenn wir in unserer Welt die Dämonen sehen, werden wir es zumindest mit ihnen aufnehmen. Auch wenn wir unsere Schwächen spüren, werden wir zumindest daran arbeiten, sie umzuwandeln. Auch wenn wir in unserer Welt einer Welt gegenüberstehen, die die Liebe mit Argwohn beäugt und bei der Schuldgefühle hoch im Kurs stehen, werden wir uns dazu verpflichten, beim anderen Unschuld vorauszusetzen.«

Wenn dieses Gelöbnis unser Bewusstsein zu durchdringen beginnt, schwebt eine Krone vom Himmelsfirmament herab und legt sich auf unser beider Köpfe. Mit dieser Krone wird uns die Macht verliehen, alle Dinge, die uns ängstigen, zu bannen, eine Macht, mit der wir unsere innere Welt und äußere Königreiche beherrschen und uns und anderen eine neue Chance für Frieden auf Erden bieten.

Richten Sie Ihre Augen auf Ihren Geliebten und stellen Sie sich die Frage: »Ist dies mein Partner für ein großes und leidenschaftliches, geheiligtes Abenteuer?« Ihr Herz wird Ihnen ja oder nein sagen. Wenn die Antwort ja lautet, dann sollten Sie innerlich auf die Knie fallen und Gott danken. Wenn die Antwort nein lautet, dann bitten Sie Gottes Geist, Ihnen zu offenbaren, wohin Sie gehen und was Sie tun sollten, um Ihre verzauberte Liebe zu finden. Warten Sie daraufhin mit dankbarem Herzen, wachem Geist und in fröhlicher Gewissheit. Hinter jeder Ecke gibt es Wunder. Hinter jeder Biegung warten Engel auf uns. Um Mitternacht werden sie kommen – und das werden Sie spüren.

In jedem Herzen ist ein innerer Raum, in dem wir unsere größten Schätze und unseren tiefsten Schmerz bergen. Hier bewahren wir die Skelette unseres früheren Selbst, unserer Kindheitsängste und -unsicherheiten und das Entsetzen über unsere Loslösung von Gottes Vergebung und Liebe auf. Wir haben unser Leben nicht so sehr auf den Fundamenten von Gottes Liebe aufgebaut, sondern haben vielmehr darauf gesetzt, trotz seiner Abwesenheit bestmöglich zu funktionieren. Wir stolpern ins Erwachsenenalter als gebrochene Kreaturen und viele von uns tragen noch immer die Wunden ihrer Kindheit auf dem Herzen wie unsichtbare Narben. Eine Gefahr der Ansteckung geht von dem psychisch lädierten Fleisch dieser Wunden aus, auf die wir weniger mit Tränen als mit zornigen Schreien reagieren – bis wir unsere innere Arbeit geleistet haben. Bis dahin spüren die anderen Menschen unseren Schmerz nicht, aber sie spüren den Schmerz, den wir ihnen aufgrund unseres eigenen Leidens antun. Und der Kreislauf des Leidens geht weiter und bürdet Männern, Frauen und Kindern Ängste auf, die – wenn sie nicht eingedämmt werden – die Welt zerstören.

Was haben wir nicht alles versucht? Therapien, spirituelle Übungen, Gebete, Meditation, Männergruppen, Frauengruppen, Seminare und Exerzitien. Wir haben viel Zeit allein verbracht, Tränen vergossen, Briefe geschrieben, Rituale vollzogen, haben mit Freunden unsere Probleme besprochen, sind in Schwitzhütten gegangen und haben die unterschiedlichsten Heilmethoden ausprobiert. Wir sind in die Kirche, in die Synagoge, in den Aschram, in die Moschee gegangen, haben Selbsthilfegruppen gegründet, die zwölf Schritte getan, Weihrauch verbrannt, Tagebuch geführt, gute Dienste geleistet, kreative Visualisierung und Affirmationen geübt – Gott weiß, dass all das hilfreich ist, und Gott weiß, dass wir es alles hinter uns haben. Aber es ist etwas vollständig anderes, wenn der Mensch, den Sie lieben, vor Ihnen steht und sagt: »Ich werde mit dir durchs Feuer gehen. Ich sehe alles und ich kann alles auf mich nehmen. Ich liebe alles an dir. Wir wollen uns hinsetzen und gemeinsam die Arbeit tun.«

Es kommt ein Punkt, wo wir jegliche innere Arbeit, die wir überhaupt allein zu tun vermögen, getätigt haben. Vielleicht hatten wir lange Zeit das Bedürfnis, auf intime Beziehungen zu verzichten, während wir diese innere Arbeit leisteten, denn sie hätten uns nur abgelenkt. Aber der emotionale Zeitgeist hat sich nun gewandelt; jetzt brauchen wir intime Beziehungen, um mit unserer inneren Arbeit weiterzukommen. Intimität ist zu unserer neuen Herausforderung geworden, denn Ehrlichkeit im Leben ist relativ leicht zu erreichen, wohingegen Ehrlichkeit mit einem intimen Partner zehnmal schwerer zu erreichen ist; Integrität im Leben ist relativ leicht zu erreichen, wohingegen Integrität gegenüber einem intimen Partner etwas viel Komplizierteres ist; sich Vergebung zum Grundprinzip zu machen erscheint uns nicht allzu schwer, wohingegen es mehr Weisheit und Wohlwollen erfordern kann, einem intimen Partner zu vergeben, als wir aufzubringen vermögen.

Sich der Dynamik einer verzauberten Liebesbeziehung verschreiben heißt, sich verpflichten, einen emotionalen Berg zu erklimmen und sich gemeinsam auf einen möglicherweise gefährlichen Weg einzulassen. Es bedeutet zu sagen: »Wir kennen Beziehungsdramen, aber das ist nicht das, was wir jetzt wollen. Wir beten darum, dass sich die Vergangenheit nicht wiederholen möge. Wir laden den Geist Gottes dazu ein, in unsere Beziehung Einzug zu halten, die Gedanken, die wir aus früheren Zeiten noch in uns tragen, zu verwandeln, unsere Augen zu öffnen für die beeindruckende Vision, die nun vor uns steht, und uns zu helfen, nicht ängstlich vor der Schönheit und Macht, die wir ineinander sehen, zurückzuschrecken. Möge das Potential unserer Liebe zur Entfaltung kommen.« Auf Erden wie im Himmel. Am Tag wie in der Nacht.

Meine Generation zahlte einen furchtbar hohen Preis für unsere Kultivierung der Gleichgültigkeit, vor allem gegenüber dem sexuellen Element in Beziehungen. Es war so, als hätten wir mit dem emotionalen Pendant der Atomkraft gespielt, und nachdem uns das klar wurde, haben wir nun das sexuelle Pendant der Antiatombewegung geschaffen. Wir wollen uns nicht vom Sex lösen, aber wir wollen auch keinen Sex, um einander loszuwerden! Wir suchen nach neuen Gefäßen für die Kraft, die freigesetzt wird, wenn zwei Herzen sich gegenseitig erkennen und in ihrer Erregung darüber aufeinander prallen. Die Antwort auf unsere frühere Destruktivität darf nicht darin bestehen, die romantische Liebe zu meiden, sondern, sie neu zu erschaffen. Wir benötigen neue Modelle für das romantische Ausleben in einem Alter, in dem wir endlich bereit für wahre Reife sind und wissen, dass der spirituelle Blick das Kennzeichen der Reife ist.

Lange Zeit – wenn überhaupt jemals – haben wir Romantik und Sex nicht in dieselbe Kategorie eingeordnet wie Gott und spirituelle Praxis. Allenfalls waren wir imstande, alte Traditionen auszugraben, die gewöhnlich nicht einmal aus unserer kulturellen oder religiösen Zivilisation stammten und zeigten, wie romantische Erfahrungen aussehen können. Aber es ist nun für uns Bewohner des Westens an der Zeit, im Rahmen unserer eigenen Traditionen Vorstellungen von der heiligen Romantik in unserer heutigen wunderbaren Welt zu entwickeln. Sowohl im Judaismus als auch im Christentum vermittelte man jungen Menschen früher die Botschaft: »Heiraten wir erst und reden wir dann.« Schön, aber was ist, wenn wir (noch) nicht verheiratet sind? Heißt das, dass es in unserer Beziehung bis dahin nichts Spirituelles zu erarbeiten gibt?

Der spirituelle Kernpunkt in der Liebesbeziehung ist die Frage der Partnerschaft selbst: Gehe ich allein durch dieses Leben oder tue ich es mit meinem Geliebten? Sind wir Konkurrenten oder sind wir Verbündete? Gehen wir nebeneinanderher oder sind unsere Wege ineinander verschlungen? Gehen wir in mancher Hinsicht nebeneinanderher, in anderer Hinsicht jedoch wirklich zusammen? An welchen Tagen tun wir Ersteres, an welchen Letzteres? Kennen wir unsere wahren Gefühle in Bezug auf diese Dinge und kennen wir die Gefühle unseres Partners?

Diese Fragen erfordern ernsthafte und aufrichtige Gespräche in einer Weise, die nicht selbstverständlich ist. Und doch ist die Intensität der Gespräche und der Vergebung und nicht die Vereinigung der Körper dafür ausschlaggebend, ob eine wirkliche

Beziehung zustande kommt oder nicht. Ehe wir das nicht wissen, müssen wir unseren Weg, emotional gesehen, auf einer gewissen Ebene allein gehen, selbst wenn unser Körper zwanzig oder dreißig Jahre mit demselben Menschen zusammenlebt. Was ist das Ziel unserer Beziehung? Das ist die Frage, der wir uns letztlich stellen müssen. Besteht unser Ziel darin, einen warmen Körper neben unserem zu haben (ein ehrbares, aber nicht unbedingt magisches Ziel)? Besteht das Ziel darin, Kinder aufzuziehen (ein ehrbares, aber nicht unbedingt magisches Ziel)? Besteht das Ziel darin, zusammen ein Heim zu schaffen (ein ehrbares, aber nicht unbedingt magisches Ziel)? Oder besteht unser Ziel darin, eine verzauberte Sphäre zu finden, in der es eine unendliche Anzahl von Möglichkeiten gibt, in der wir uns zu dem entfalten, was wir sind und was wir zusammen sein können ... und dabei unseren inneren und unseren äußeren Himmel zum Leuchten zu bringen? *Dann* hat der Sex etwas Magisches; *dann* hat das Aufziehen von Kindern etwas Magisches; *dann* wird das geschaffene Heim von Magie geprägt sein.

Wenn wir Verzauberung wollen, müssen wir dazu das Terrain vorbereiten. Und das erfordert Anstrengung, so wie es Anstrengung kostet, ein Lied zu komponieren oder ein Haus zu bauen. Es ist dafür sowohl innere als auch äußere Arbeit notwendig: Man muss Interesse am Erkennen der spirituellen Wahrheit haben, die durch unser Leben und unsere Beziehungen strömt, muss lernen, wie man aufrichtig und mitfühlend vergibt, muss lernen, was es bedeutet, sich einem anderen Menschen gegenüber zu öffnen, was es bedeutet, aus seinem tiefsten Inneren zu geben, was es bedeutet, zu empfangen, was es bedeutet, dafür zu sorgen, dass ein anderer Mensch sich sicher fühlt, ohne seine Neurosen hinzunehmen, was es bedeutet, Verantwortung für die eigenen Probleme zu übernehmen, was es bedeutet, jemand anderen glücklich zu machen und ihm beizustehen, was es bedeutet, mit einem anderen Menschen zu meditieren, zu beten, ihm Freude zu bereiten, ihn zu feiern, neues Leben mit ihm zu schaffen, der Versuchung zu widerstehen, ihn im Stich zu lassen, der Versuchung zu widerstehen, ihn anzugreifen, zu lernen, freundlich und geduldig zu sein (auch dann, wenn einem überhaupt nicht danach ist), und sich trotzdem NICHT auf den anderen zu stützen, wo es um unsere Versorgung oder unsere Ganzheit geht. Nie zu vergessen, dass Gott in der Beziehung ist und dass das, was Ihr Liebster Ihnen heute nicht geben kann, Gott Ihnen immer gibt.

Wenn wir einige dieser Energien – eine Stunde oder auch nur einen Augenblick lang – beherrschen, dann überwinden wir die emotionale Schwerkraft. Wir geraten dann nicht in einen Zustand der Schwärmerei, sondern in den erhöhter Wirklichkeit, in einen sehr bedeutsamen emotionalen und spirituellen Fluss, der, wenn viele von uns ihn erreichen, wie ein Laserstrahl durch die verkrustete Dunkelheit dringen wird, mit der die Welt umgeben ist, der den Felsblock entfernen, uns auferstehen und die Welt neu beginnen lassen wird.

»Deine Wirklichkeit ist so anders als meine«, sagtest du.

»Inwiefern?«, fragte ich.

»Die Art und Weise, wie du die Beziehung siehst, ist so viel mystischer als meine eigene Sichtweise.«

»Ich weiß nicht, ob ich das akzeptieren kann«, sagte ich. »Ich könnte nicht sehen, was ich sehe, wenn du es nicht auch sehen würdest.«

»Das stimmt«, räumtest du ein.

»Um ehrlich zu sein, ich finde, du bist ein heimlicher Mystiker.«

»Das ist wohl wahr«, antwortetest du.

»Solltest du dich dann nicht dazu bekennen, wer du wirklich bist? Kennst du die Geschichte vom Adler und den Hühnern, in der der kleine Adler von den Hühnern aufgezogen wird und ihm niemand erzählte, dass er Flügel besaß?«

»Ja«, sagtest du, »die kenne ich. Joseph Campbell hat noch eine bessere erzählt. Eine Löwin, die trächtig war, stürzte sich, da sie Hunger hatte, auf eine Herde Lämmer. Aber ihr Leib war so schwer, dass der Sturz sie tötete. Der kleine Löwe wurde geboren und dann inmitten der Lämmer aufgezogen.

Nach einer Weile traf der Löwenvater Anstalten, die Lämmer anzugreifen, da er hungrig war. Plötzlich sah er einen kleinen Löwen unter ihnen und fragte ihn erstaunt: ›Was tust du denn hier?‹

›Bä-ä-ä-ä‹, antwortete der kleine Löwe.

Also nahm der ausgewachsene Löwe den kleinen Löwen beiseite, erklärte ihm, wer er war, und zwang ihn daraufhin, das Fleisch zu fressen, das Löwen gewöhnlich fressen. Zuerst musste der kleine Löwe würgen und es fiel ihm schwer, es hinunterzuschlucken. Aber schlussendlich erkannte er, dass dies seine eigentliche Nahrung war, die seiner Löwennatur entsprach.«

Offenbar bedeutete dir die Geschichte viel. Das merkte ich daran, wie du seufztest. Und später wurde mir klar, dass es auch meine Geschichte war. Bei mir ist die Sache umgekehrt: Ich bin ein Lamm, das unter Löwen aufwuchs. Beide versuchen wir nun, unser eigentliches Wesen zu verwirklichen, und erkennen ineinander einen geistigen Lehrer. Du fühlst dich gut, wenn du in meiner Nähe bist, denn in meiner Anwesenheit fühlst du dich wie ein Löwe. Und ich fühle mich gut, wenn ich in deiner Nähe bin, denn in deiner Anwesenheit fühle ich mich wie ein Lamm.

Aus deiner Wunde stammte die Medizin für meine Heilung und aus meiner Wunde stammte die Medizin für deine. Gott, in seiner unendlichen Gnade und seiner Schöpferkraft, gelingt es sogar, mit Hilfe der Dunkelheit mehr Licht zu schaffen.

Auf der höchsten Ebene unseres Daseins legt sich der Löwe neben das Lamm. Unsere Stärke und unsere Sanftheit, unsere Bestimmtheit und unsere Zartheit, unser männlicher Aspekt und unser weiblicher Aspekt, unsere Führerseite und unsere Anhängerseite, unser Yin und unser Yang, unsere Göttlichkeit und unsere Menschenhaftigkeit – alle verschmelzen in Harmonie und Ausgewogenheit.

Und dann, wenn das Universum wirklich leuchtet ... legst du dich neben mich.

Meine Freundin Sandy Scott behauptet, in jeder Beziehung vollziehe sich ein Austausch von Gaben. Sie hat Recht: In einer Beziehung findet immer der Austausch von Gaben statt und dieses Wissen erinnert uns an das spirituelle Ziel, in einer Beziehung zu leben. Denn bei jeder menschlichen Begegnung haben wir etwas zu lehren und etwas zu lernen.

In der Intimität ist unsere Fähigkeit zu lieben am größten, aber auch unsere Versuchung, den anderen zu verurteilen, ist hier am größten. Die Aussicht, das eigene Herz mit dem Herzen eines anderen Menschen zu vereinen, macht dem negativen Ego am meisten Angst, da diese Vereinigung den Tod des Ego bedeutet! Das auf Angst beruhende Ego ist nichts weiter als die Überzeugung, wir seien getrennte Wesen, und die wahre Vereinigung mit einem anderen straft diese Überzeugung Lügen. Sie ist das Kruzifix, das dem Vampir vorgehalten wird, die Vertreibung der Teufel, das Weihwasser, das über die bösen Hexen gegossen wird, ist der Kuss des Prinzen und die Auferstehung der göttlichen Natur.

Sobald wir einmal erlebt haben, was eine wahre Vereinigung mit einem anderen Menschen bedeutet, ist die Voraussetzung dafür geschaffen, dass unser Geist sie auch mit jedem anderen Menschen erlebt. Das heißt nicht, dass dies notgedrungen so sein wird, aber es heißt, dass wir eine erhöhte emotionale Fähigkeit dafür besitzen. Haben wir gegenüber einem Menschen ein weiches Herz, so ist zumindest gut möglich, dass wir es auch im Umgang mit der übrigen Welt haben. Intime Liebe ist eine Art spirituelles »Training« für alles im Leben. Sie soll keine Zuflucht vor dem Schmerz der Welt sein, sondern vielmehr ein Balsam für die Leiden der Welt. Lernen wir, uns gegenüber einem einzigen Menschen mehr zu öffnen, so lernen wir auch, uns dem Leben als Ganzem mehr zu öffnen.

Es verschlägt mir immer die Sprache, wenn Menschen behaupten, sie hätten »keine Zeit« für eine Beziehung. Wofür sonst haben sie Zeit? Zu welchem anderen Zweck leben wir unser Leben? Und können wir wirklich leidenschaftlich und kreativ in einem Bereich sein, während wir unsere Leidenschaft und Kreativität an anderer Stelle unterdrücken? Emotion ist wie Wasser. Sie kann nicht mitten durchgeschnitten werden. Sie kann nicht auf einem Regal abgestellt werden. Intime Liebe – insbesondere eine verzauberte Liebe – ist gewissermaßen der Maschinenraum für eine bestimmte Art der kreativen Existenz. Wenn die Brenner mit voller Kraft arbeiten, erstrahlt das ganze Schiff voller Magie.

Es ist eine allgemeinere, universellere Liebe, auf die sich unser Planet zubewegt, und alle individuellen Beziehungen sollen diesem höheren Zweck dienen. Daher steckt so viel kosmische Dynamik in einer richtigen Liebesbeziehung. Wenn wir uns verliebt haben, so ist das ein Gefühl, als hätten wir ein Geschenk von Gott empfangen – und es ist ja auch wirklich so. Aber wenn Gott jemandem ein Geschenk macht, so ist es niemals für einen Menschen allein gedacht. Alle Geschenke von Gott richten sich an alle Menschen. Der Geist erkennt, dass in einer bestimmten Vereinigung der Seelen die größten Chancen für die Entwicklung aller lebenden Wesen liegen. Der Geist sandte Jennifer zu John, weil sie innerhalb dieser Liebe mehr Chancen hatte, die Frau zu werden, die zu sein sie imstande ist. Und der Geist sandte John zu Jennifer aus genau demselben Grund.

Der Geist schenkte John und Jennifer einander und ihnen beiden damit einen »Beziehungsauftrag«. In diesem Sinne ist Amor tatsächlich sehr real. Sein Pfeil sagt: »Bleib stehen und schau dir diesen Menschen an. Hier gibt es etwas für dich zu lernen und etwas für dich zu lehren.«

Und Gottes Gaben versiegen nie. Wenn Jennifer erhoben wird und John erhoben wird, wird auch die *Welt* so erhoben, wie es keiner von ihnen je zuvor erlebt hat. Wenn Jennifer und John *gemeinsam* erhoben werden, dann werden ihre Gaben an die Welt in exponentieller Weise vermehrt. Das ist der Grund, warum Menschen bei Hochzeiten weinen. Sie sind nicht nur froh für das glückliche Paar; vielmehr ist ihnen unbewusst klar, dass die Intensität der Hingabe, die diese beiden Liebenden erreichen, in gewisser Weise für jeden von uns möglich ist.

Wenn zwei Herzen sich in Ekstase und Verzückung vereinen, dann erhebt sich eine ganze Armee aus Lichtern und die Welt wird dem Himmel näher gebracht. *Wortwörtlich.* Die Hand des Geliebten auf uns hat, wie die Hand eines Babys, eine Macht, die direkt von Gott kommt. Der Himmel ist, metaphysisch gesprochen, das Erleben unserer Einheit. Die Welt ist ein holographisches Universum, in dem jedes Teil das Ganze enthält. Eine verzauberte Liebe zwischen zwei Menschen ist ein Segen für die ganze Welt.

Daher rühren die unglaubliche Macht und Verantwortung, die mit der Intimität einhergehen. Die Frage, die sich uns stellt, ist viel bedeutsamer als: »Werden meine Bedürfnisse befriedigt?« Sie wird zu der Frage: »Wie kann die Welt dadurch glücklich gemacht werden, dass wir einander gefunden haben?« Gott will, dass wir zutiefst und vollkommen glücklich sind, weil glückliche Menschen die positivsten Menschen sind. Wenn Ihr Partner an diesem Morgen das Haus glücklicher als sonst verlassen hat, weil er (oder sie) die Nacht mit Ihnen verbracht hat, dann sollten Sie sich eines klar machen: Sie haben damit der Welt heute einen Dienst erwiesen. Schon allein dadurch, dass Sie in einer guten Beziehung leben, erweisen Sie unserem Planeten einen enormen Dienst.

Und doch erschreckt uns die Liebe – trotz all ihrer offenkundigen Magie – zuweilen in genau demselben Maße, wie sie uns erregt. Je größer unsere Angst vor dem Licht im Zentrum unserer selbst ist, desto größer ist auch unsere Angst davor, einander wahrhaft zu lieben. Ganz gleich, wie glücklich uns eine Beziehung macht, ganz gleich, wie gut wir uns darin fühlen – und manchmal vielleicht sogar, *weil* wir uns so gut darin fühlen –, diese Seelenmedizin kann, wenn sie zum ersten Mal dargereicht wird, dem menschlichen Geist wie ein Becher Gift erscheinen. Eine verzauberte Partnerschaft erfordert Mut, weil sie uns dazu herausfordert, zu *sein*. Um es mit den Worten der Dichterin Elizabeth Barrett Browning zu sagen: »Gott antwortet auf manche unserer Gebete heftig und brüsk und stößt uns das, wofür wir gebetet haben, ins Gesicht – ein Panzerhandschuh, der ein Geschenk in sich birgt.« Gott bringt uns Liebe, aber wir müssen ihr mutig begegnen, sonst gleitet sie uns durch die Hände. Wenn die Liebe zur Tür hereinkommt, sollten wir uns ihr mit Beherztheit stellen.

Und wenn wir das tun, werden wir zu anderen Wesen. Wir treiben nicht länger in unserem Alleinsein dahin, sondern wir sind fest verankert in einer beständigen Liebe. Unser Schiff ist stabil. Unsere Liebe muss verlässlich sein – nicht weil ihre Form sich nie ändern würde, sondern weil ein anderer Mensch uns mit seinen Augen, mit seinem Handeln, mit seinen Worten, mit seinen Küssen das Versprechen gegeben hat, dass diese Bindung weder sekundär noch unbedeutend ist, dass dieses Engagement in gewisser Hinsicht für alle Zeiten gültig sein wird und dass dieses Leben nicht allein gelebt werden soll.

»Ich dachte, du würdest nie hier ankommen«, sagte ich.
»Ich weiß. Und darum habe ich auch so lange gebraucht ...«

Lieber Gott,
bitte erhebe mein Herz
über meinen Schmerz,
den ich wegen früherer Widrigkeiten empfinde.
Nimm die Gedanken von mir,
die mich zurückhalten.
Mache mein Herz rein,
mache meinen Geist klar,
mache mein Leben neu.
Amen

Neuntes Kapitel
Die Geister bannen

In meiner Vergangenheit gibt es Ungeheuer, mein Liebling.
Na und? In meiner gibt es auch ein paar. Aber ich bin nicht das Ungeheuer.
Ich selbst bin nicht das Ungeheuer und das Ungeheuer ist nicht ich.

Vom Blickwinkel der Wunder aus gesehen ist nur die Liebe wirklich. Nichts anderes existiert. Doch die Tatsache, dass etwas – in kosmischer Hinsicht – reine Illusion ist, heißt nicht, dass es, wenn es nicht geheilt wird, nicht die Macht besäße, Ihr Leben zu ruinieren. In unser realen, materiellen Welt haben Illusionen nämlich eine gewaltige Macht.

Eine der seelischen Bindungen, die für uns gewöhnlich mit der meisten ungeheilten Angst besetzt ist, ist die Beziehung zu unseren Eltern; und ehe wir diese Angst nicht von unseren Seelen abgeladen haben, tragen wir sie wie ein Gepäck in unsere Erwachsenenbeziehungen hinein. Wir müssen unseren Eltern vergeben, wenn wir eine gesunde, verzauberte Liebe wollen.

Viele von uns tragen tiefe und schwere Wunden aus ihrer Kindheit mit sich herum. Kindesmisshandlung und Vernachlässigung kamen und kommen in den Vereinigten Staaten leider häufig vor. Sie treten in verschiedenen Formen der spirituellen, geistigen, emotionalen und körperlichen Verletzung auf und Millionen von Amerikanern gehen mit gravierenden Wunden durchs Leben.

Andere Menschen gehören nicht zu dieser großen Gruppe – wir haben nicht unter den Misshandlungen krankhafter Eltern gelitten –, dennoch sind wir verwundet, denn wir wurden von Menschen aufgezogen, die das waren, was wir selbst heute sind: Eltern, die versuchten, ihr Bestes zu tun, aber gar nicht anders konnten, als die Wunden weiterzugeben, die man ihnen als Kinder zugefügt hatte.

Jahrelang war mir nicht klar, wie viel wir von unserer Vergangenheit – vor allem von unseren familiären Problemen – ergründen mussten, wenn wir uns emotional selbst heilen wollten. Ich wusste zwar, dass die meisten von uns Narben aus ihrer Kindheit tragen, aber ich sah sehr viele Menschen, die sich zu viel mit sich selbst beschäftigten und auf ihren alten Leiden herumritten. Das Leben in der Vergangenheit kann eine bloße Ausrede dafür sein, um der Gegenwart aus dem Weg zu gehen. Ich hatte Angst, dass ich, wenn ich mir meine eigene Vergangenheit allzu genau betrachtete, am Ende jemanden verurteilen würde, den ich gar nicht verurteilen wollte, oder jemandem Vorwürfe machen würde, dem ich gar nichts vorwerfen wollte. Meine Eltern für all meine Probleme verantwortlich zu machen war das Letzte, was ich wollte.

Doch wenn wir unsere Kindheitsprobleme aus einem spirituellen Blickwinkel heraus betrachten, so führt uns dies keineswegs dazu, anderen Vorwürfe zu machen, sondern vielmehr dazu, sie besser zu verstehen. Solange wir das nicht tun, kann es sehr schwer sein, unsere ureigensten Geheimnisse zu lösen, die unser Bewusstsein begrenzen. Ungelöste Kindheitsdramen können einem sehr viel Kraft rauben. Sie erzeugen und unterhalten nichtdurchschaute, auf Angst basierende Überzeugungen, die unser Leben prägen, ohne dass wir es wissen. Und sie können unsere Fähigkeit zu vergeben dadurch einschränken, dass sie uns daran hindern zu begreifen, wem und was wir vergeben müssen.

Zu sagen: »Ich gebe meinen Eltern keine Schuld«, ist nicht unbedingt dasselbe, wie zu sagen: »Ich finde keine Schuld an ihnen.« Wenn Sie sagen, dass Sie Ihren Eltern keine Schuld geben, so ist durchaus möglich, dass Sie insgeheim denken: »Ich gebe ihnen sehr wohl an vielem die Schuld, ich mache ihnen sehr wohl Vorwürfe, aber ich will nicht eingestehen, dass ich ein Mensch bin, der andere verurteilt!« Wahre Vergebung ist da, wo Sie begreifen, dass es – wenn man die Dinge von einer höheren Warte aus betrachtet – nichts zu vergeben gibt, da alle Fehler ein Schrei nach Liebe sind und Lieblosigkeit keine dauerhafte Wirkung hat. Aber spirituelle Arbeit ist kein Ersatz für psychologische Arbeit. Und einem Menschen zu vergeben kann sehr viel leichter sein, wenn man ein besseres Verständnis von dem hat, was er (oder sie) erlebt hat.

Unsere Eltern hatten ihrerseits Eltern; auch sie wurden als Kinder verwundet und sie wussten nicht besser als wir, wie man die Dinge im Leben richtig macht. Die meisten von uns sind nicht Opfer ihrer Eltern, vielmehr haben *wir* und unsere Eltern jahrelang unter dem Einfluss der von Angst gesteuerten Energien gelebt, die die Welt durchdringen. Keiner verdient Vorwürfe und jeder verdient Mitgefühl. Manchmal kann man seinen Eltern nicht wirklich vergeben, ehe man sich nicht gestattet hat, für sie zu weinen.

Ich wurde, wie Millionen anderer Kinder meines Alters, von der »Cocktailgeneration« aufgezogen. Wenn mein Vater nach Hause kam, trank er fast immer einen Highball, ein Glas Scotch mit Wasser. Man sah das damals allgemein als ein natürliches Mittel zur Entspannung an. Er war sicherlich kein Alkoholiker – nicht, was wir heute darunter verstehen. Aber ich begreife jetzt, dass ein Drink jeden Abend genug war, um zwischen ihm und seinen eigenen Emotionen eine Art Puffer zu schaffen, der dafür sorgte, dass er für meine Emotionen nicht zugänglich war. So wuchs ich mit einer ständigen Sehnsucht nach emotionaler Nähe zu meinem Vater auf und in meinem späteren Leben zwang ich einen Mann nach dem anderen, so abstrakt bewundernd und letztlich so emotional distanziert zu sein, wie mein Vater es gewesen war.

Meinem Vater schien das so stark Gefühlsbetonte meines Wesens immer unangenehm zu sein und als Kind bemühte ich mich mit aller Kraft, etwas von ihm zu bekommen, was ich nie bekam – ganz gleich, worum es sich handelte. Meine ausgeprägte Gefühlsbetontheit wurde so etwas wie ein schwarzer Fleck meiner Persönlichkeit. Wie viele Menschen, die unter emotional ähnlichen Bedingungen aufwuchsen wie ich, sammelte ich eine Unmenge Wut in meiner Seele an: Wut auf meinen Vater, obwohl mir das jahrelang nicht bewusst war. Ich zwang Männer dazu, sich mir zu verweigern – oder zumindest interpretierte ich ihr Verhalten so –, und projizierte dann die Wut auf sie, die ich in Wirklichkeit auf meinen Vater hatte: Wut darüber, dass er mir nie die emotionale Nahrung gegeben hatte, nach der ich mich so sehnte. Mancher arme Junge wird gar nicht gewusst haben, was ihm da geschah, wenn ganz plötzlich von ihm verlangt wurde, für etwas zu bezahlen, was mein Daddy zwanzig Jahre zuvor getan oder nicht getan hatte.

Als ich schlussendlich begann, mir die Umstände zu vergegenwärtigen, unter denen mein Vater seine eigene Kindheit verbracht hatte, was für Eltern er gehabt hatte, unter welcher Armut und welchen Entbehrungen seine Familie gelitten hatte – fing ich an, seine Persönlichkeit anders zu sehen. Und wenn man dann eigene Kinder hat – so wie ich – ist dies zusätzlich hilfreich, da einen zuweilen ganz unwillkürlich der Gedanke beschleicht, dass die Mutter oder der Vater, denen man Vorwürfe machte, ihre erzieherische Aufgabe vielleicht sogar besser versahen als man selbst! Ich löste mich von meiner Wut auf meinen Vater, die ich wegen all der Dinge, die er mir nicht gegeben hatte, in mir trug, und übernahm die Verantwortung für mein eigenes mangelndes Bewusstsein, kraft dessen ich so viel Schuld auf ihn projiziert hatte. Ich gestattete mir, die wahre Achtung und Liebe zu erleben, die ich für meinen Vater fühlte, weil er trotz seiner eigenen emotional verletzenden Lebensumstände so ein wunderbares Leben geschaffen hatte. Danach konnte ich anerkennen, dass er in mancher Hinsicht eben *doch* für mich da gewesen war, dass er versucht hatte, als Vater für mich zugänglich zu sein, und dass er mich mit sehr wertvollen Gaben ausgestattet hatte. Und im Laufe der Jahre gingen viele Veränderungen in ihm vor und er wurde emotional präsenter. Aber ich musste zuerst das Dunkle begreifen, ehe ich das Licht wirklich wahrzunehmen vermochte. Danach konnte ich allmählich Mitgefühl sowohl für seinen wie für meinen Schmerz aufbringen und ich begann zu erkennen, wie viel Arbeit ich selbst zu leisten hatte und dass ich meine emotionalen Reaktionen auf ihn und auch auf andere Männer überdenken musste.

Viele von uns tragen die Hüllen früherer Aspekte ihrer selbst mit sich herum – Dimensionen der Freude, die Jahre zuvor zerstört worden waren und nie wieder zum Leben erwachten. Ich glaube, ich kann mich tatsächlich an meine Geburt erinnern. Ich erinnere mich, wie ich aus dem Körper meiner Mutter glitt und das Licht über dem Operationstisch sah; es schien so grell in dieser neuen Welt, in der ich eben angekommen war. Wie jedes neugeborene Baby trug ich eine große, scheue Liebe für die Welt in mir und war bereit, diese Gabe, die direkt vom Herzen Gottes stammte, weiterzugeben. Doch dann geschah etwas Fürchterliches: Ein Mann – der Arzt, natürlich – gab mir einen schmerzhaften Klaps! Und obwohl dieser Arzt aufrichtig glaubte, auf diese Weise unterstütze er meine Atmung, stürzten mich der Schock und das Entsetzen darüber, dass jemand mir etwas angetan hatte, in eine bodenlose Finsternis, aus der ich, wie ich heute meine, nie wirklich herausgefunden habe.

Aber was ich nun über diesen Arzt weiß, weiß ich auch über meinen Vater: Er verstand es nicht besser. Er wollte mich nicht verletzen. Er wollte niemandem Schmerz zufügen. Er, wie Sie und ich heute, tat, was er für das Beste hielt. Diese Männer waren ganz sicherlich keine schlechten Menschen. Wie wir mühten sie sich. Wie wir stolperten sie. Und wie wir versuchten sie, ihre Fehler wiedergutzumachen.

Als mein Vater starb, fühlte ich, dass er zu mir kam. Ich fühlte, wie seine Seele zu mir sagte: »Oh, *so* bist du also. Es tut mir so Leid, mein kleines Mädchen. Von nun an will ich für dich da sein, das verspreche ich dir.«

Wenn jemand ein Opfer war, dann war es mein Vater – mehr als ich. Er lebte in einer Welt und in einer Familie, in der echte Emotionen praktisch verboten waren. Sie wurden erstickt, ehe sie sich überhaupt entfalten konnten. Kein Wunder, dass er einen emotionalen Vulkan zeugte; ich war dazu verdammt, die emotionale Bürde zu tragen, die meine Eltern nicht anerkannten. Wie sonst soll die Welt in Ordnung kommen, wenn nicht durch Kinder, die gar keine andere Wahl haben, als unbewusst gegen die schmerzlichen Muster zu rebellieren, die aus der Vergangenheit ihrer Familie stammen?

Und meine Tochter wird mit mir dasselbe tun. Ich hoffe, sie wird von einigen der Wunden genesen, die ihr durch mein mangelndes Bewusstsein zugefügt wurden; aber ich weiß auch, dass das größte Geschenk, das ich ihr machen kann, darin besteht, meine eigenen Wunden so gut wie möglich auszuheilen. Ich will nicht, dass meine Tochter ganze Jahre in einer Therapie zubringt und versucht, sich von ihrer Beziehung zu mir zu erholen. Ich möchte, dass sie sieht, dass ihre Mutter es richtig macht. Und dabei hat mir die Vergebung geholfen.

Bis ich den Schmerz meines Vaters sehen konnte, war ich in narzisstischer Weise auf meinen eigenen konzentriert. Und solange dies so war, war ich zu unreif, um empfänglich für den Schmerz eines Mannes zu sein, der in meinen Armen lag. Solange ich den Schmerz meines Vaters nicht erkannte, erkannte ich auch die Schmerzen aller anderen Männer nicht. Mein eigener Schmerz nahm mich vollkommen in Anspruch.

Ein Mensch, der keine Zärtlichkeit und kein Erbarmen gegenüber dem verwundeten Herzen eines anderen hat, kann nicht lieben. Da die Liebe Gottes mich nach und nach von meiner eigenen Vergangenheit befreite und die Wunden meines ungestümen Herzens allmählich heilten, fing ich an, Männer mit ganz anderen Augen zu sehen. Es fiel mir nicht mehr schwer, den Männern aus meiner Vergangenheit zu vergeben, da ich mein eigenes neurotisches Verhalten einsah und erkannte, inwieweit es zu ihrem beigetragen hatte. Was mich zuvor zum Weinen gebracht hatte, brachte mich nun zum Lachen.

Vor Jahren lernte ich, dass nur das, was man nicht schenkt, einem in irgendeiner Situation fehlen kann. Ich hatte den Männern auf der tiefsten, geheimsten Ebene meine Achtung verweigert. Doch fiel es mir weniger schwer, den Männern Achtung entgegenzubringen, nachdem ich verstanden hatte, dass sie unter ihren eigenen Schmerzen litten; und das war mir erst möglich, als ich den Schmerz meines Vaters wahrnahm. Ich sah, dass Männer in unserer Kultur genauso tief verletzt werden wie die Frauen. Sie verdienen Achtung dafür, dass sie sich bemühen, Kraft und Mut in einer Welt zu finden, die ihnen so selten erlaubt, ihre Gefühle zu zeigen. Die Gefühle der Frauen werden oft als lächerlich hingestellt, doch die männlichen Emotionen werden fast überhaupt nicht zugelassen. Kleine Jungen weinen nicht anders als kleine Mädchen. Sie sind nicht weniger sensibel und benötigen genauso viel Liebe. Einige Leser werden nun vielleicht sagen: »Na, so was. Mal ganz was Neues!« Aber ich gestehe, dass diese Erkenntnis für mich eine Offenbarung bedeutete.

Wenn man nicht sensibel für sein eigenes Leiden ist, besitzt man auch nicht die Fähigkeit, auf den Schmerz eines anderen einfühlsam zu reagieren. Es ist keine Schande für uns, dass wir gelitten haben; es ist vielmehr eine Ehre, dass wir gelitten und uns dann wieder aufgerappelt haben. Unser Bewusstsein von der Wiederauferstehung kann viele Formen annehmen: Es kann wie Isis sein, die Osiris dem Tod entreißt, oder Jesus, der wiederaufersteht, es kann sich in Tränen äußern, die uns beim ersten Anzeichen des Frühlings in die Augen treten, oder darin, dass wir uns verlieben, obwohl es lange Zeit so aussah, als würden wir das nie mehr erleben, oder darin, dass wir vergeben, obwohl es so aussah, als seien wir innerlich zu sehr zerstört – Gott hat seine eigene Art, all das Dunkle aus der Vergangenheit zu erhellen und uns in eine lichterfüllte Gegenwart zu entlassen. Sobald wir begonnen haben, die Vergangenheit zu vergeben, können wir beginnen, die Gegenwart zu vergeben. Und wenn wir die Gegenwart vergeben, programmieren wir die Zukunft neu. Vergeben kann zu einer geistigen Gewohnheit werden, einem disziplinierten und ständigen Bemühen, bei anderen Menschen die Unschuld zu sehen. Tun wir das, so haben wir die Macht, die emotionalen Gespenster auszutreiben, die uns ansonsten für immer verfolgen.

Oft sind wir so verletzt von dem, was in der Vergangenheit geschah, dass wir ängstlich davor zurückschrecken, der Gegenwart zu gestatten, einfach nur *da* zu sein. Wir projizieren auf einen Menschen, der vor uns steht, die Fehler eines anderen, zu dem wir schon seit Jahren keinen Kontakt mehr haben. Fälschlicherweise glauben wir, dass wir, wenn wir jemanden jetzt verurteilen, irgendwie mehr Macht oder Kontrolle über unser Schicksal haben. Natürlich ist das Gegenteil richtig, da *die Verurteilung das Ende der Verzauberung bedeutet*. Und wenn wir andere Menschen ständig verurteilen, dann werden wir selbst auch verurteilt!

Die Angewohnheit, andere zu verurteilen, ist die Krankheit, unter der wir am häufigsten leiden, und sie kommt oft als »Hilfe« verkleidet daher. Freundinnen, ja sogar so genannte Heiler oder Heilerinnen, reden aufeinander ein: »Du darfst ihm das nicht erlauben«, sagen sie. »Das ist ein schlechtes Zeichen. Er verhält sich dir gegenüber nicht richtig.« All das gehört zu dem unbewussten Spiel »Ich weise dich zurück, ehe du die Möglichkeit hast, mich zurückzuweisen«. Doch wenn wir die Gegenwart durch den Filter der Vergangenheit rinnen lassen, sind wir dazu verdammt, sie zu wiederholen. Wenn wir versuchen, einen früheren Mangel zu kompensieren, dann basiert unsere Grundüberzeugung auf »Mangel«, nicht auf Fülle.

Es bedarf einer bewussten Anstrengung, sich auf das zu konzentrieren, *was Menschen richtig tun.* »Ja, aber das ist nicht die *Wirklichkeit*«, mögen manche Leute sagen – als sei Schuld eine höhere Wirklichkeit und Unschuld eine reine Erfindung.

Am Ende fragen wir uns: »Was zum Teufel tue ich da eigentlich? Bin ich etwa ohne Sünde und ohne Schuld? Und ohne Fehler? Möchte ich denn, dass die Menschen sich auf das konzentrieren, was ich falsch mache, oder auf meine Bemühungen, die Dinge richtig zu machen?« Menschen, die uns ganz bewusst nicht verurteilen, befähigen uns zwar damit nicht, Dinge zu tun, aber sie sind unsere Heiler. Was wollen wir für andere Menschen sein? Greifen wir andere Menschen an, so werden sie wohl kaum geneigt sein, von uns zu lernen.

Und da wir nicht vollkommen sind, warum sollte irgendjemand anderes es sein? Wir können lange warten, wenn wir auf einen vollkommenen Menschen treffen, denn vollkommene Menschen gibt es nicht.

Eine meiner Freundinnen sagte früher oft zu mir: »Ich kann nur so lange mit einem Mann zusammen sein, bis ich anfange zu denken, alles, was er tut, macht er falsch.« Wie vertraut klingt das. Anderthalb Wochen lang ist der Geliebte wunderbar. Und dann setzt die Dunkelheit ein, nicht in ihm, sondern in uns. Wir beginnen zu verurteilen, was immer er auch tut – ob er anruft oder nicht anruft, was er sagt oder nicht sagt. Das Ich ist in Alarmbereitschaft: Zwei Seelen haben sich berührt und könnten ihre Herzen vereinen. Und als Nächstes könnten sie sich gegenseitig als frei von Sünde wahrnehmen und die Liebe Gottes erleben. *Doch das wäre der Tod des Ich.* Alle Systeme würden zusammenbrechen. Das darf nicht sein, sagt das Ich. Schick die Hyänen aus und lass sie die Schuld, die Schuld, die Schuld, die Schuld zurückbringen.

Ich will hier nicht sagen, dass wir keine Prinzipien oder Wertmaßstäbe haben sollen oder nicht auf unseren Instinkt achten sollen. Sie sind sogar sehr wichtig. Aber ich habe bei mir und bei anderen festgestellt, dass wir auf jene Menschen automatisch Scham und Schuldgefühle projizieren, die wir zuvor so wunderbar gefunden haben. Und das hat weniger mit dem anderen als mit unserer eigenen Schuldverstrickung zu tun, die angesichts der Liebe zutage tritt. Wir kennen den Spruch »Liebe bringt alles zum Vorschein, außer sich selbst«. Angst wird freigesetzt und immer, wenn Liebe sich nähert, unbewusst in den Vordergrund gerückt. Sobald die Liebe geweckt ist, wird sie uns entweder beflügeln oder von uns weichen; das hängt davon ab, ob sie vergeben oder geahndet wird. Vergebung ist nun das wichtigste Thema in der Liebe, denn ohne sie gibt es keine Liebe.

Wir alle haben romantische Projektionen, die von Filmen und Medien, aber auch aus den Geschichten anderer Menschen stammen, deren Leben interessanter und bedeutender zu sein scheint als unser eigenes. Es kommt uns so vor, als seien diese Geschichten verzaubert, wohingegen der tatsächliche Geliebte, der vor uns steht, es nicht zu sein scheint. Das ist eine fürchterliche Verzerrung, denn das Gegenteil trifft zu. Diese Projektionen können tödlich sein. Sie erkennen das wirkliche Leben nicht an. Dagegen hat der Mensch, den wir lieben, alle Anlagen für eine mythische Persönlichkeit – wenn wir nur lernen wollten, die Liebe zu mythologisieren, anstatt sie zu pathologisieren.

Auch angesichts von Krankheit und Tod erheben sich in unserer heutigen Gesellschaft eine Menge Stimmen, die Pseudoweisheiten verkünden und »*Du machst dir etwas vor!*« schreien, sobald jemand die Kühnheit besitzt, die Dinge von einer anderen, höheren Warte aus zu betrachten. »Nein, ich akzeptiere nicht, dass diese Krankheit zwangsläufig tödlich ausgehen muss. Es gibt immer wieder Fälle, in denen Menschen wieder davon genesen. »*Du machst dir etwas vor!*«, brüllen sie. »Nein, ich will mich nicht auf das konzentrieren, was er hierbei falsch gemacht hat. Ich will mich auf die Dinge konzentrieren, die er richtig machte.« »*Du machst dir etwas vor!*«, brüllen sie. Quatsch, sage ich. Anzuerkennen, dass es falsch ist, ein Geschöpf Gottes zu verletzen, ist kein Selbstbetrug, sondern spirituelle Macht.

Es gibt in jeder Frau Göttinnen und Königinnen; wir sind keineswegs verrückt, wenn wir das glauben. Und in jedem Mann gibt es Götter und Könige. Was diese Welt Realismus nennt, ist ein verzerrtes Bild von Gottes Wirklichkeit. Sich hin und wieder eine rosarote Brille aufzusetzen ist nicht das Schlimmste, denn manchmal hilft uns das, wirklich zu sehen.

Verzauberung liegt, wie Heiligkeit, hinter den Schleiern. Es ist eine Welt, die entsteht, wenn wir unsere Wahrnehmungen auf das ausdehnen, was jenseits des für die Augen Sichtbaren ist. Wir sehen ganz bewusst hinter die Person, auf eine angenehmere, friedvollere Wirklichkeit auf der anderen Seite. Dort finden wir eine tiefere, kreativere Liebe. Es ist unsere Wahl, unsere Entscheidung, die uns dazu veranlasst. Es zeugt vom allmählichen Erwachsenwerden, wenn man nach dieser Dimension strebt und sie für sich in Anspruch nimmt. Unbewusst bereiten wir uns auf die Verzauberung vor; doch auch dann wird sie uns nicht einfach so dargeboten, und es ist absolut unsere Entscheidung, ob wir in diese geheiligte Sphäre eintreten oder nicht.

Ganz gleich, ob der geliebte Mensch schon jetzt an unserer Seite lebt oder bisher nur ein Gedanke ist – wir sollten seinen Weg zu unserer Tür segnen.

Lieber Gott,
heute bete ich für die Frau, die ich liebe.
Ich bete darum, ihre Zartheit zu sehen,
ich bete darum, ihre Unschuld zu sehen,
und ich bete darum, dass sie meine sieht.
Ich bete darum, dass sie von Licht umgeben sein möge,
dass Deine Engel kommen und sie segnen.

*Ich bete darum, dass sie glücklich wird
und ihr Herz mit Liebe erfüllt wird.
Ich bete darum, dass ich für sie ein Mann sein kann,
der sie achtet und bewundert.
Ihr beglücktes Herz ist mir eine Freude.
Gott, ich danke dir,
Amen*

Das Ich sieht Menschen, wie sie früher einmal *waren*, und nicht, wie sie jetzt *sind*. Es lebt in der Vergangenheit und ist blind für die Gegenwart. In den Augen des Ich sind wir verdammt zur Vergangenheit – verdammt, der zu sein, der wir waren, und zu unseren Fehlern, die wir in der Vergangenheit machten. Diese Auffassung ist das Ende der Unschuld.

Das Vergeben verleiht uns einen neuen Blick und damit die Fähigkeit, neues Leben zu schenken. Das ist keine Metapher, sondern eine höhere Wirklichkeit. Den Dingen, die wir ganz bewusst sehen wollen, geben wir auch die psychische Erlaubnis, in Erscheinung zu treten. Zu sagen: »Nein, ich sehe dich nicht, wie du früher warst, sondern wie du heute bist« heißt, jemandem in emotionaler und spiritueller Hinsicht Flügel verleihen. Das ist der Grund, weshalb die Sphäre der Verzauberung ohne Vergebung nicht sichtbar ist. Sie gibt uns die Freiheit, der zu sein, der wir sein können, anstatt der zu sein, als den wir uns zu erkennen gaben. Wenn wir mit einem Menschen zusammen sind, der uns zwingt, der zu sein, der wir früher waren, dann können wir uns nur dann weiterentwickeln, wenn wir uns mit jemandem zusammentun, der uns früher *nicht* kannte. Und natürlich kann das bedeuten, dass langjährige Beziehungen enden.

Vom Blickwinkel der Wunder aus gesehen ist es unsere Aufgabe, einem Mitmenschen zu sagen, er sei gut und richtig so, wie er ist – selbst wenn dies nicht der Fall ist. Das heißt nicht, dass man jemandem sagen soll, er habe ein wundervolles Solo hingelegt, wenn der Klang seiner Stimme in Wirklichkeit ausdruckslos war und er lauter falsche Noten gesungen hat. Vielmehr heißt es, dass es unsere Aufgabe ist, ihm Zutrauen in sein Gesangstalent zu geben, selbst wenn er bei einer bestimmten Aufführung nicht besonders brillant war. Oder jemanden wissen zu lassen, dass er ein ungemein wertvoller Mensch ist, auch wenn Singen eben nicht seine Stärke ist.

Wenn wir romantische Mystiker sein wollen, müssen wir auf die Schönheit achten, die in uns allen ist. Das ist das größte Geschenk, das wir einem anderen Menschen machen können: die Erlaubnis, immer besser zu werden. Ist es in einer Welt, die ständig darauf aus ist, uns herunterzumachen, nicht wunderbar, einen Partner zu haben, der einen aufbaut?

Früher sagten die Menschen oft zu mir: »Was willst du von dieser Beziehung? Was sind deine Bedürfnisse?« Es wurde zum Mantra unserer Generation. Aber mir ging nach einer Weile auf, dass ich vor allem hin und wieder einmal über die Bedürfnisse eines anderen Menschen nachdenken musste! Was wir alle brauchen, ist im Grunde dies: frei sein von der Vergangenheit, frei, um noch einmal von vorn anzufangen, frei, um fühlen zu können, dass wir gute und anständige Menschen sind, und frei, um fühlen zu können, dass wir etwas Gutes, Wahres und Wundervolles besitzen, das wir zu dieser Welt beitragen können. Lernen wir, andere so zu sehen, so ist das der größte Beitrag, den wir zu ihrem Leben leisten können. Und der Mensch, der es fertigbringt, dass wir so fühlen, ist ein Geschenk, das mehr wert ist als Rubine oder Diamanten.

Niemand ist der, der er gestern war; wir sind sicherlich nicht die Menschen, die wie wir vor zehn Jahren waren. Ja, wir sind nicht einmal die, die wir noch vor fünf Minuten waren. Jeden Augenblick gibt uns Gott die Chance, uns selbst neu zu erfinden, unser ganzes Leben durch Güte und gegenseitige Verpflichtung und durch unser Handeln und unsere Liebe zu ändern. Mögen wir in unseren Liebesbeziehungen so gütig zueinander sein wie Gott zu uns beiden. Eine verzauberte Liebe ist ein Rahmen, in dem wir ständig neu geboren werden können, und zwar zum Teil deswegen, weil der Mensch, der vor uns steht, nichts mit unserem früheren Selbst zu tun hat.

Ich habe Menschen gekannt, die die Veränderungen, die ich durchlief, mit Ermutigung und Vertrauen in meine Entwicklungsfähigkeit begleiteten. Aber ebenso habe ich Menschen kennen gelernt, für die eine Veränderung etwas Bedrohliches ist. Es gehört zu einer verzauberten Beziehung dazu, sich mit einem anderen Menschen in dem Gedanken zu verbinden, dass er (oder sie) heute ein anderer Mensch sein kann, als er gestern war; dass wir nicht durch unsere Fehler gebunden sind, solange wir versuchen, sie wiedergutzumachen; dass Gott für uns alle Pläne hat und dass jeder einzelne dieser Pläne großartig ist; dass Wunder nicht nur möglich sind, sondern auch wahrscheinlich im Leben des von uns geliebten Menschen – und zwar auch aufgrund der Heiligkeit unserer Bindung und der Stärke unseres Einvernehmens. Verzauberung entsteht, wenn zwei Menschen die außergewöhnlichen Chancen der Liebe erkennen: Du wirst heute nicht fallen, weil meine Liebe für dich da ist. Du wirst in emotionaler Hinsicht nicht heimatlos sein, weil meine Liebe für dich da ist. Du wirst heute nicht einsam sein, weil meine Liebe für dich da ist. Ich sehe dich in den Armen Gottes, und ich weiß, dass wir dort zusammen sind.

Ich habe viele Hochzeitszeremonien geleitet, und ich weiß, wie leicht es Menschen fällt, an ihrem Hochzeitstag so zu denken. Aber wie bei allem anderen ist der Verlauf unseres Lebens nicht davon bestimmt, was wir an einem bestimmten Tag gedacht haben, sondern vielmehr von unseren gewohnheitsmäßigen Denkmustern, die unseren Alltag beherrschen. Eine gegenseitige Verpflichtung hat nur Bestand, wenn sie jeden Tag erneuert wird. Ansonsten verkommt sie zu dem Gedanken »Ich verpflichte mich dazu, meinen Körper nach Hause zu bringen«.

Wenn Sie aber nicht auch Ihre Seele, Ihre Emotionen und Ihr Herz nach Hause bringen, was hat das dann für einen Sinn?

Eine verzauberte Liebe ist heiliger Boden, auf dem die Bösartigkeit und die Angriffe der Welt nicht so sehr ausgespart als vielmehr durch die Kraft der Liebe und der Vergebung verwandelt werden. Zuerst verpflichte ich mich, dir zu vergeben, nach Möglichkeit zu versuchen, mich auf deine Unschuld und nicht auf deine Fehler zu konzentrieren, dich zu loben, anstatt dich zu verurteilen, und deine Bemühungen zu unterstützen, anstatt sie zu untergraben. Ich bete darum, dass Gott mir zeigt, wer du heute bist, und mich von meiner Versuchung befreit, mich ständig auf deine Fehler und dein gestriges Wesen zu konzentrieren. Ich möchte dich immer wieder mit neuen Augen sehen. Ich möchte dein spiritueller Partner sein und in erster Linie das Licht in dir sehen. Ich möchte heute mein Bestes geben, damit ich der höheren Ebene würdig bin, die wir für unsere Liebe gewählt haben.

Viele Paare demystifizieren ihre Intimität und zerstören damit die feinen Fäden der Verzauberung, die sie sonst wie spirituelle Strömungen durchziehen. Sie nehmen ihr um der vermeintlichen »geistigen Gesundheit« willen alle Magie. Der Liebe ihr Geheimnis zu nehmen zeugt nicht von geistiger Gesundheit, sondern von spiritueller Trägheit.

Ich besuchte einmal eine Freundin, die in Paris wohnte. Als ich ankam, lauschte sie gerade mit großem Interesse einem Interview im Radio und ich war frustriert, weil ich kein Französisch verstand. Sie wirkte vollkommen fasziniert von dem, was sie hörte. Als das Interview zu Ende war, fragte ich sie, was sie da so Interessantes gehört habe. Sie erzählte mir von einem sehr berühmten französischen Ehepaar, das viele Jahre lang miteinander verheiratet gewesen war. Das Interview wurde mit der Ehefrau geführt. Als der Radiomoderator sie bat, das Geheimnis ihrer langen und erfolgreichen Ehe zu enthüllen, hatte die Frau geantwortet: »Ich habe das Geheimnisvolle an mir nie preisgegeben.«

Ein Geheimnis ist keine Lüge, sondern eine tiefere Ebene der Wahrheit. Das Geheimnis einer Frau ist die Macht von Isis und Maria – ein Göttinnenraum, aus dem die spirituelle Fähigkeit, alle Dinge neu zu machen, strömt. Und natürlich haben auch die Männer Magisches. Ihre Liebe kommt aus demselben kosmischen Geheimnis, demselben göttlichen Meer wie die unsrige. Sich gegenüberzustehen und zu wissen, dass man den anderen im Innersten nicht wirklich kennt, bewusst die Überzeugungen hinter sich zu lassen, die aus früheren, abgeschlossenen Zeiten unseres Lebens stammen, heißt, gemeinsam in das Geheimnis einzudringen. Wir können unsere Beziehungen aus diesem Geheimnis heraus leben, das uns zueinander führte; dann und nur dann kann das Geheimnis sich auch weiterhin zwischen uns entfalten.

Isis und Osiris waren nicht nur Liebende; sie waren auch Bruder und Schwester. Viele von uns haben in ihren Liebesbeziehungen das Problem, dass, sobald jemand ihr Geliebter geworden ist, er (oder sie) nicht mehr ihr geliebter Bruder (oder ihre geliebte Schwester) sein kann. Das ist auch der Grund, warum es manchmal gefährlich ist, in einer neuen Beziehung allzu früh Sex zu haben. Ein Mensch sollte uns in spiritueller Hinsicht wirklich zugehörig sein, sollte ein geliebter Freund geworden sein, ehe er oder sie unser Geliebter wird. Sex kann jeden Dämon, der in uns schlummert, ans Licht bringen – und tut dies gewöhnlich auch. Nur ein geheiligter, liebevoller Rahmen ist ein sicheres Gefäß für einen Ausdruck von derartiger emotionaler Kraft.

In jeder Bank gibt es eine Tür, die zu einem Tresor führt. In dem Tresor liegt Gold. In jedem von uns gibt es solch eine Tür – und eine verzauberte Liebe ist der Schlüssel dazu. Wenn jemand wirklich mit Ihnen die Reise macht, wenn er versucht, Ihre Träume zu verstehen, wenn jemand wirklich Ihre Ziele respektiert, wenn er tatsächlich auf Ihre Gefühle achtet, wenn jemand wirklich an Ihrer Seite steht, wenn jemand wirklich zusammen mit Ihnen – mit derselben Unbefangenheit – lachen und weinen kann, wenn jemand Sie dazu auffordert, alle Hemmungen fallen zu lassen, und Sie wissen, dass diese Aufforderung gefahrlos für Sie ist, wenn jemand Sie wirklich wunderbar findet, wenn jemand Ihren Mut anerkennt und Sie dafür bewundert, wenn jemand Mitleid für Ihre Verletzungen hat, wenn jemand Ihnen immer wieder vergibt, dabei aber selten zu nachsichtig ist – dann verwandeln sich Ihre Moleküle.

Und darin liegt das Geheimnis der Liebe.

Doch selbst wenn solch ein Wunder geschieht, wird sein Licht schwächer werden, wenn wir uns nicht dafür einsetzen, dass es ständig leuchtet. Der Blitz zuckt auf, aber wir haben die Wahl, ob wir die Kraft seiner Elektrizität nutzen wollen oder nicht. Wir werden dem Menschen begegnen, dem zu begegnen uns bestimmt ist, da diese Begegnung von Gott selbst bestimmt wurde. Aber was wir mit dieser Beziehung tun, liegt gänzlich an uns. Verzauberte Liebe unter der Führung von Gottes Geist ist sowohl ein Weg zur göttlichen Erleuchtung als auch ein Beispiel dafür.

Alle Menschen, die sich den Prinzipien der Wunder zufolge begegnen, werden sich eines Tages wiedertreffen, bis ihre Beziehung heilig wird. Wir werden lernen, einander zu vergeben, wir werden lernen, einander glücklich zu machen, und wir werden lernen, einander freizugeben für unsere höchste, erhabenste Erleuchtung und Entfaltung. Die Zukunft ist in der Gegenwart enthalten. Das, wofür wir uns jetzt entscheiden, wird uns später widerfahren. Die Liebe, die wir schenken, wird uns tausendfach wiedergegeben werden, und zwar auf vielerlei Weise, die wir uns nicht einmal vorzustellen vermögen – so groß ist das Licht.

Doch wenn wir Liebe vorenthalten – wenn wir den Strom der Liebe nicht an uns heranlassen –, so wird sich das zu einem späteren Zeitpunkt in unseren Lebensumständen widerspiegeln. Das Rad des Leidens an unseren Beziehungen ist eine Qual, denn unser Karma wird uns so lange verfolgen, bis wir endlich loslassen und unsere Herzen einer höheren Autorität unterwerfen.

Letztendlich ist es unwichtig, was in der Vergangenheit geschehen ist; entscheidend ist vielmehr, dass wir die volle Verantwortung für die Rolle übernehmen, die wir darin gespielt haben. Bis wir das tun, wird das Universum uns immer wieder einen Spiegel vorhalten, der sagt: »Sieh hin und mache, wenn nötig, wieder gut.« Mache wieder gut und vergib, damit du vom Rad des Leidens abspringen kannst. Wenn du nicht gutmachst und nicht vergibst, so wirst du buchstäblich für alle Zeiten ans Rad gebunden bleiben.

Lieber Gott,
heute begeben wir uns auf einen Weg,
den wir noch nie zuvor gegangen sind.
Wir geben einander unser geheiligtes Ehegelöbnis
und legen es in deine Hände.
Sei mit uns
und gehe mit uns
und lebe mit uns
und ruhe mit uns.
Sei unser mystischer Dritter im Bunde,
damit wir unseren Weg sehen.
Amen

Zehntes Kapitel
Dauerhafte Bindungen

Wenn wir uns dauerhaft binden, könntest du mich einengen.
Stimmt – ich könnte versucht sein, das zu tun.
Und wenn du das tätest, würde ich vor dir fliehen.
Das, mein Lieber, muss ich annehmen.
Wenn wir uns dauerhaft binden, was wird für mich dabei herauskommen?
Das Ende solcher Fragen
hast du mir ins Ohr geflüstert.
Für immer und ewig ...

Einmal fragte ich ein verlobtes Paar, warum es heiraten wollte, und die Frau antwortete: »Weil ich der Beziehung die Achtung entgegenbringen möchte, die sie verdient.« Für mich war das eine sehr schöne Antwort. Wenn man etwas öffentlich erklärt, so verwurzelt man es dadurch tiefer in der Welt, die einen umgibt; man verleiht der Angelegenheit eine Würde, die sie sonst nicht hätte. Ob sich das Paar danach der Situation immer gewachsen zeigt oder nicht, ob es der Ehe mit seiner eigenen emotionalen Disziplin und seinem Bemühen die nötige Achtung erweist, ist eine andere Sache. Aber das Umfeld ist dafür geschaffen worden. Es ist leichter, in einem Raum Gymnastik zu treiben, wo Geräte dafür bereitstehen, als in einem, wo keine vorhanden sind.

So viele Energien werden geweckt, wenn wir lieben, und die meisten Menschen fragen sich an irgendeinem Punkt: »Wie weit soll ich gehen? Ist es gefahrlos, mich so ganz hinzugeben? Wie tief kann ich dabei fallen?« Der Ehe kommt deshalb so ungeheuer viel Bedeutung zu, weil die Antwort auf die Frage lautet: »So tief wie nur irgend möglich.« Man kann einfach nicht wissen, was geschehen wird, wenn man von einem emotionalen Felsen springt. Man kann auf den Steinen aufprallen, es können einem aber auch Flügel wachsen. Aber man wird nie wirklich wissen, was auf einen zukommt, ehe man nicht springt.

Energie kann ihren höchsten Ausdruck nur in einem Umfeld erreichen, in dem ihr gestattet ist, ganz und gar das zu sein, was sie ist. Und genau das ist eine Ehe – oder jede andere tiefe Liebesbeziehung – im besten Falle. Sie ist ein emotionaler Rahmen, in dem es den Menschen gestattet ist, mit Hilfe einer »Leinwand« die größtmögliche Verwirklichung ihrer selbst zu realisieren. Die Freiheit des einen Partners wird dem anderen dann zur Lehre; er lernt, sich jeglicher Verurteilung zu enthalten. Wenn ich dir vorbehaltlos den Raum zugestehe, den du brauchst, um der Mensch zu werden, der du werden kannst, dann wirst du, dann wird dieser Mensch, der du vielleicht gewesen bist, der du aber nicht länger zu sein wünschst, der »entgiftet« werden muss, ehe er sich zu seiner nächsthöheren Ebene wandeln kann, zwangsläufig hin und wieder sein altes Gesicht zeigen. Bin ich, als dein Partner, stark genug, um das mit dir durchzustehen und zu begreifen, was hier geschieht, spirituell daran zu arbeiten, dass ich dich nicht verurteile, sondern so akzeptiere, wie du bist, und nicht »auszurasten«, wenn mir klar wird, dass ich mit jemandem in einem ziemlich kleinen Zimmer festsitze, mit dem ich eigentlich nicht einmal ein ganzes Haus teilen würde?

Ein Ring der Angst umgibt die Liebe, so wie Saturn von Ringen umgeben ist. Aber diese Ringe sind nicht fest, sie sind ätherisch und das vergebende Herz fliegt ebenso leicht durch sie hindurch wie ein Flugzeug durch die Wolken. Sobald sie vergeben wurden, verschwinden sie. Und damit auch die Prüfungen der Liebe.

Die Menschen kämpfen heute darum, frei und aus der Fülle zu leben, ungebunden von Konventionen, die keine Berechtigung mehr haben, doch innerhalb der ewigen Archetypen, die die realen und dauerhaften Muster der Existenz darstellen. Es gibt ganz sicher keine einfachen Antworten, aber die Tatsache, dass es in unserer Kultur nur so von Fragen hierüber wimmelt, ist an sich schon ein sehr gutes Zeichen. Männer und Frauen lernen einander auf Ebenen kennen, die tiefer sind, als wir es früher für möglich gehalten hätten, da wir uns auf die Suche nach unserem authentischen Wesen gemacht haben – und damit auch nach den authentischsten Beziehungen. Wahre Liebe und Leidenschaft sind – in der Tat – authentisch.

Allzu oft ist die Ehe es nicht.

Die Ehe ist – neben vielem anderen – sehr bequem und Bequemlichkeit kann etwas Wunderbares sein. Aber zu viel Bequemlichkeit, zu viel Festlegung, zu viel Routine können der Tod der Liebe sein. Allzu viele Ehen geben der Liebe keinen Raum in ihrem Haus, und das ist einer der Gründe, warum wir so viele Menschen kennen, die aus ihren Häusern fliehen, als würden sie um ihr Leben rennen. Allzu oft lassen wir zu, dass Rechnungen, Zukunftsaussichten, Geschäfte, Geld, Entscheidungen und kleinliche Streitereien den romantischen Blick auf die Dinge versperren. Warum dafür kämpfen, die Tiefen eines Menschen zu sehen, wenn nur sein (oder ihr) oberflächliches Selbst zu Hause zum Abendessen erwartet wird? Die Verzauberung beginnt zu verschwinden, wenn ein interessantes, aufregendes Leben einer ewigen Langeweile weicht.

Die Herausforderung für Verheiratete besteht also darin, darauf zu achten, dass die nüchternen Dinge des Lebens die Romantik ihrer Beziehung nicht zerstören. Es bedarf bewusster Anstrengungen, den Tempelraum der verzauberten Liebe zu schützen. Ganz gleich, wie wundervoll die Ehe ist, ganz gleich, wie sehr die Menschen ihre Partner lieben – man hat bei verheirateten Paaren oft den Eindruck, ein wesentliches Element der Freiheit fehle in ihrem Leben. Und entsprechend hat man natürlich bei den meisten allein lebenden Menschen, die ein gewisses Alter überschritten haben, das Gefühl, dass ein wesentliches Element der Stabilität in ihrem Leben fehlt.

Verheiratete und Singles schicken sich ständig telepathische Botschaften; es ist eine Art stummer Dialog, den jeder wahrnimmt, den jedoch nur wenige in Worte zu fassen wagen. Zunächst einmal gibt es da ein ständiges lautloses Zwiegespräch zwischen verheirateten und unverheirateten Frauen, in dem die eine fortwährend zur anderen sagt: »Mein Gott, tust du mir aber Leid« *und*: »Mein Gott, ich beneide dich.«

Unverheiratete Frauen bedauern verheiratete Frauen, weil die so an die Alltagsroutine gebunden zu sein scheinen, und beneiden sie gleichzeitig, weil zu dieser Routine auch gehört, dass sie darauf zählen können, dass ihr Partner jeden Abend nach Hause kommt. Verheiratete Frauen bedauern unverheiratete Frauen, weil sie allein sind, und beneiden sie, weil sie Gelegenheiten für romantische Liebesbeziehungen und Abenteuer zu haben scheinen, die verheirateten Frauen oft fehlen. Beide Frauentypen halten den Schlüssel für einen wesentlichen Aspekt des weiblichen Selbst in Händen, und es ist verständlich, dass wir alle sowohl Aufregung als auch Sicherheit wollen. Wir wollen innere wie auch äußere Nahrung. Die meisten modernen Beziehungen bieten das eine oder das andere – doch hier zeichnen sich Veränderungen ab. Wir wollen Beziehungen, in denen das ganze Selbst zu seinem Recht kommt.

Ich kenne Ehen, die nicht vom Alltagstrott erstickt zu sein scheinen. Doch oft nehme ich eine unsichtbare Gefängnismauer um verheiratete Paare wahr: Ihr Blick wird allmählich stumpfer, ihr Gang bekommt etwas Resigniertes und ihnen ist eine ruhige, wenn auch oft unbewusste Verzweiflung anzumerken. Natürlich muss die Ehe kein Gefängnis sein; letztlich wird sie immer das sein, was zwei Menschen aus ihr machen. Aber ich kann sehen, wie sehr unsere Gesellschaft sich in das einengende Modell der »glücklichen Ehe« verstrickt hat, das im Grunde ein Modell der ehelichen *Schuld* ist: Du musst heute Abend zu

Hause sein; du bist verpflichtet, hier und nur hier deinen Körper zu lassen; du musst deine ganze Zuneigung mir geben; du musst dir Erfahrungen versagen, die dich außerhalb des kleinen Radius führen würden, in dem wir leben; und du musst so tun, als würdest du das alles wirklich wollen. Und, das Wichtigste: Du musst dich schuldig fühlen, wenn du andere Gefühle hegst. Und du musst mir zugestehen, dass ich das Recht habe, empört zu sein, wenn ich finde, dass du dich nicht daran hältst.

Ich weiß nicht, warum wir uns alle immer noch so viel vormachen; das alte Modell der Ehe funktioniert ganz offensichtlich nicht mehr – wie eindeutig aus unserer Scheidungsstatistik hervorgeht. Die Seele strebt nach einem neuen Ausdruck ihrer selbst und ohne Freiheit gibt es keine Entwicklung. Wir werfen mit dem Wort *Verpflichtung* um uns, als käme es direkt von Gott – was nicht der Fall ist. Und wenn es so wäre, wozu hätte er uns dann wohl verpflichtet? Dem Körper des anderen treu zu bleiben? Das glaube ich nicht. Ich denke, wir haben auf dieser Erde die Aufgabe, uns der Offenbarung der göttlichen Wahrheit zu verpflichten, die durch unsere Lebenserfahrungen strömt. Das ist keine Entschuldigung für Maßlosigkeit, für ein Sichgehenlassen, noch ist es ein Freibrief dafür, alles zu tun, was einem in den Sinn kommt. Ganz im Gegenteil – ich denke, wir sollten uns verpflichten, so gut und rechtschaffen zu leben, wie wir es vermögen. Ich denke, wir sollten für andere, aber auch für uns selbst leben. Ich denke, wir sollten uns zur größtmöglichen Integrität verpflichten, derer wir fähig sind. Ich denke, wir sollten uns dazu verpflichten, Verantwortung für unser eigenes Handeln zu übernehmen. Ich denke, wir sollten uns dazu verpflichten, die Stimme Gottes in uns zu hören und seinen Weisungen so gut wie möglich zu folgen. Und ich denke, wir sollten uns zu der Wahrheit einer Beziehung verpflichten, die ganz organisch aus der Beziehung selbst hervorgeht.

Einer der Gründe, warum Affären oft leichter zu handhaben sind als Ehen, ist, dass die Gesellschaft sich nicht die Mühe macht, sich eine Meinung darüber zu bilden, wie eine Affäre aussehen sollte. Über das Thema Ehe hat die Gesellschaft praktisch eine Art Leitfaden geschrieben, eine allgemein akzeptierte Ansammlung von Regeln, die der Erklärung eines Wirtschaftssystems gleichkommt; doch geht es dabei nicht um das, was unseren Seelen (oder wenigstens unseren Familien) gut tut, sondern vielmehr darum, was einer bestimmten ökonomischen Ordnung Vorteile bringt. Dieser Leitfaden hat genauso viel dazu beigetragen, gute Beziehungen zu zerstören, wie aufzubauen. Mir scheint, Verheiratete sollten versuchen zu vergessen, wie eine Ehe aussehen *sollte*.

Ich traue der Freiheit mehr als Regeln. Ich glaube, dass verbotene Früchte immer verlockend sind. Ich denke, dass das Herz gut und verantwortungsbewusst und fürsorgend ist, wenn es für sich selbst entscheiden kann und seine eigenen Sehnsüchte respektiert werden. Und ich denke, es ist niemals gut, anderen Menschen zu sagen, was sie zu tun haben.

Verheiratete Menschen können daran arbeiten, Verzauberung und Romantik in ihrer Ehe zu bewahren. Aber eine Frau, die ohne Trauschein mit einem Mann zusammenlebt, kann aus diesem Mann nicht ihren Ehemann machen, weil er es eben nicht ist. Kein Zweifel, etwas ändert sich, wenn Menschen heiraten. Der Einsatz ist höher, das Risiko ist größer – und nicht nur aus den nahe liegenden Gründen. Wenn wir durch die Tür gehen, auf der »Verheiratet« steht, vollzieht sich ein psychischer Wandel; bei diesem außergewöhnlich bedeutsamen Übergangsritus wird der erhabene Geist angewiesen, sich in den Geist und das Herz eines anderen Menschen hineinzuentwickeln. Von einer ätherischen Ebene aus betrachtet, werden zwei buchstäblich eins. Auf der Ebene unserer feinstofflichen Körper – die aus einer Energie bestehen, die wir erst jetzt wissenschaftlich zu verstehen beginnen – können wir uns mit einem anderen Menschen ebenso verbinden, wie sich ein Arm mit einem Rumpf verbindet. Versuchte man, einen Arm aus seiner Gelenkpfanne zu ziehen, so wäre das ungeheuer schmerzhaft. Eine Scheidung kann – in emotionaler Hinsicht – genauso qualvoll sein (wie übrigens jeder Bruch einer festen Beziehung). Aber die Ehe stellt eine andere Wirklichkeitsebene, eine viel stärkere Verbindung dar, ungeachtet dessen, wie viel Liebe die beiden Partner tatsächlich füreinander empfinden. Denn solange Menschen verheiratet sind, besteht ein machtvoller Bund, durch den spirituelle Wasser zwischen ihnen hin- und herfließen – gewollt oder ungewollt, bewusst oder unbewusst. Sie haben gemeinsam einen heiligen Raum betreten, ganz gleich, ob sie ihn nun auch so behandeln oder nicht.

Ob verheiratet oder nicht, der Schlüssel zur potentiellen Verzauberung in der Intimität ist das Element von Gottes Liebe, die Chance, einen mystischen Dritten einzuladen, mit uns zu leben. Er wird, wenn wir ihn dazu einladen, einwilligen, sich an unseren Tisch zu setzen und sich neben uns ins Bett zu legen. Er ist dann tatsächlich der *heilige* Geist.

Es kann sehr schwer sein, den Zauber der Liebe zu bewahren, während wir in dieser Welt leben. Jeden Tag legen sich die Schleier der Begrenzung und Verzweiflung um unseren Verstand, und dass wir in unserer Freude beschnitten werden, ist in unseren Zeiten eher die Regel als die Ausnahme; die Enttäuschungen und Ängste, die von allen Seiten auf unsere Herzen einstürmen, bewirken, dass uns das Erlangen eines übernatürlichen Zustandes ebenso illusorisch erscheint wie eine Kindheitsfantasie.

Doch die spirituelle Praxis macht es möglich. Gott ist immer da, um uns eine Welt jenseits der Schleier zu eröffnen. Wenn wir morgens beten und auch unser Alltag von Gebeten und Meditation geprägt ist, und wenn wir abends mit einem Nicken in seine Richtung die Augen schließen, dann brechen Lichtstrahlen durch die Wolken und erleuchten unseren inneren Himmel.

Was wir für unser Leben und auch für unsere Beziehungen

wollen, ist das Gefühl, dass wir nicht nur für unsere eigenen Zwecke da sind, sondern für etwas Höheres. Lieber Gott, bitte lass diese Beziehung deinen Zielen dienen. Lieber Gott, lass diese Ehe deinen Zielen dienen. Lieber Gott, möge Unschuld daraus erwachsen. Lieber Gott, mögen unsere beiden Seelen dabei stärker werden. Lieber Gott, möge Vergebung hier walten. Lieber Gott, mache, dass wir deine Diener und deine Instrumente sind, damit wir zusammen Freude erleben.

Das mittlere Alter ist das Alter des Bedauerns und der Reue. Es ist schwer, vierzig zu werden. Man ist gezwungen, Bilanz über sein Leben zu ziehen – ob es einem nun passt oder nicht.

Doch gleichzeitig ist das mittlere Alter das »Fest danach«, das sogar noch besser ist als das vorige. Man entwickelt ungeheuer viel Kraft, wenn man seinen Geist auf das einstellt, was getan werden muss, damit man weitergehen kann. Reue – und ich kenne nur wenige Menschen, die, wenn sie wirklich ehrlich mit sich sind und ein gewisses Alter überschritten haben, behaupten würden, dass sie nichts bereuen – macht uns demütig. Sie bringt uns dazu, niederzuknien, und wenn wir weise sind, sagen wir: »Gott, Du und ich wissen beide, dass ich dies und das getan oder nicht getan habe, was ich heute bedauere. Bitte hilf mir, es wiedergutzumachen, und hilf mir, von einer höheren Warte weiterzuleben als bisher.« Manche Menschen bedauern, dass sie sich aus ihrer Ehe gelöst haben. Andere bedauern, nicht die Beziehungen geführt zu haben, die ihnen heute erstrebenswert erscheinen. Manche Menschen beklagen, dass sie keine Kinder bekommen haben. Manche bereuen, dass sie diesen oder jenen Weg eingeschlagen – oder nicht eingeschlagen – haben. Mit zunehmendem Alter tritt buchstäblich der »Ernst des Lebens« zutage.

Und doch altern Menschen so wie der Wein, das heißt, sie werden reifer, wenn sie zulassen, dass ihr Verständnis für sie selbst und andere tiefer wird und voll zur Entfaltung kommt. Menschen, die wir seit vielen Jahren kennen, haben einen anderen Stellenwert in unserem Leben als Menschen, die wir erst seit kurzem kennen. Zwei Menschen, die gemeinsam die verschiedenen Phasen des Lebens durchlaufen haben, ist etwas eigen, das in spiritueller Hinsicht den Garten befruchtet, den sie miteinander teilen. Wenn wir mit jemandem den Weg gegangen sind, aus dem Land namens »Der, der wir waren«, zu dem Land »Der, der wir sind«, so kommt dem eine ungeheuere Bedeutung zu.

Dein Haar ist grauer als früher,
dein Fleisch weicher.
Eigentlich mag ich das lieber ...
Du hast mich so eingeschüchtert, als du wie ein Gott aussahst.
Ich konnte dein Licht gar nicht sehen
wegen all des Goldes, das es umgab.
Ich stolperte vor Angst
vor deiner Schönheit.
Deine Probleme sind nun interessanter,
vielschichtiger und reicher
in Bedeutung und Tragweite.
Ich habe mich darin niedergelassen
wie in einem bequemen Sessel.
Willkommen in der Welt des Normalen!
Ist es nicht wunderbar hier?

Amerikaner und Europäer betrachten die sexuelle Treue mit unterschiedlichen Augen – die amerikanische Kultur mehr im Sinne ihrer puritanischen Vorväter, als ihnen bewusst zu sein scheint. Solange die Amerikaner an der Meinung festhalten, die Monogamie sei der einzige Rahmen für eine wahrhaft romantische Liebesbeziehung, werden sie in ihrem Bemühen, in der Intimität zu neuen Ufern vorzustoßen, behindert.

Ich glaube, dass Gott die Freiheit ist, und ich glaube, dass sich das Herz nur im Zustand der Freiheit entfalten kann. Die Menschen ändern sich nicht deshalb, weil da ein Gesetz ist oder eine Vorschrift, die ihnen sagt, was sie tun sollen; wir ändern uns, weil eine Erfahrung oder eine Einsicht uns dazu bringen. Es ist ein Unterschied zwischen Opfer und Verzicht. Von einem Opfer spricht man dann, wenn man eine Sache aufgibt; Verzicht bedeutet, dass man willentlich etwas, was nicht so wertvoll ist, loslässt, um etwas Höheres zu erreichen.

Eine Vorschrift gegen irgendetwas hat meistens die Wirkung, dass wir das Besagte umso mehr wollen. Die Monogamie hat dann einen tiefen und bedeutsamen Sinn für uns, wenn sie dem ehrlichen Wunsch entspringt, eine Übereinkunft mit dem Menschen aufrechtzuhalten, den wir lieben. Wenn diese Übereinkunft bei einem Paar der Überzeugung entspringt, dass es mit der Konzentration seiner sexuellen Energie auf seine eigene Beziehung seiner gegenseitigen Entwicklung und der Entwicklung der Beziehung am besten dient, dann ist das tatsächlich eine heilige Übereinkunft. Einer meiner Freunde erzählte mir einmal, dass die Monogamie mit seiner Frau für ihn wie eine Art geheimes Kennwort sei, das die beiden teilten und das ihnen Zutritt zu einem Raum gebe, den nur sie betreten könnten.

Aber wenn ein Paar es – aus welchen Gründen auch immer – vorzieht, an gewissen materiellen, emotionalen oder sogar spirituellen Aspekten seiner Ehe festzuhalten – obwohl es vielleicht die ursprüngliche Abmachung, monogam zu leben, nicht mehr einhält –, dann sollten wir diesen Menschen nicht mehr automatisch unterstellen, ihre Ehe sei pure Heuchelei. Denn in Wirklichkeit ist vielmehr eine Ehe, in der zwei Menschen zwar ihre Körper tagtäglich zum gemeinsamen Bett tragen, aber keine nennenswerte intellektuelle, emotionale oder spirituelle Verbindung zueinander haben, eine Heuchelei.

Die Monogamie ist heutzutage in vielen Fällen nicht etwa ein beseeltes Gefäß, in dem sich die Kraft des Sexus entfalten kann, sondern ein bloßes Kennzeichen für Eigentum. In solchen Fällen kann Sex verlockender mit Menschen sein, die *nicht* einen derartigen Anspruch an uns stellen. Ein rigides Beharren auf der Monogamie trägt häufig mehr dazu bei, die Verbindung zwischen zwei Menschen zu zerstören, als sie aufzubauen.

Oft ist nicht das bedeutsam, was wir tun, sondern der innere Impuls dazu. Übereinkünfte sind wichtig. Sehr wichtig sogar. Und das Zusammenleben mit einem Partner ist, wenn es wirklich gewollt ist, die Übereinkunft, eine tiefe Gemeinschaft einzugehen. Es kann ein bedeutungsvolles und sehr verlockendes Geschenk sein, das wir jemandem machen, den wir lieben, und das wir wiederum, wenn es uns gemacht wird, sehr schätzen. Aber die Monogamie in selbstgerechter Manier als gegeben vorauszusetzen – sich zum Verfechter dieses Relikts einer nicht mehr angemessenen Verhaltensregel für Menschen aufzuschwingen, die verunsichert sind und nicht wissen, inwieweit sie sich ihre Liebe zugestehen dürfen, ist lächerlich und unserer nicht würdig.

Was zieht uns an der Monogamie am meisten an? Den stärksten Reiz übt dabei nicht das Recht auf Eigentum, sondern die Sicherheit aus. Während der sterbliche Geist die Monogamie als ein »gefundenes Fressen« für Schuldgefühle betrachtet, sieht der göttliche Geist sie als Fest für die Liebe an. Auf der seelischen Ebene streben wir die Monogamie nicht an, um uns gegenseitig einzuengen, sondern um einen Rahmen zu schaffen, in dem das höchste Maß an Sicherheit möglich ist, das höchste Maß an Entspannung und das höchste Maß an Entwicklung.

Manche Flugzeuge sind nur Zweisitzer; so sind sie nun einmal gefertigt. In solchen Maschinen haben nur zwei Menschen Platz, und wollte man versuchen, einen zusätzlichen Passagier hineinzuzwängen, so könnte dies gefährlich werden.

Wenn ich mir wirklich gestatte, dich zu lieben, dann wird ein Anflug von Wahnsinn über mich kommen. Du hast zwei Möglichkeiten: Ich kann ständig »cool« sein oder ich kann mich heftig, wahnsinnig in dich verlieben. Verlange nicht von mir, dass ich beides tue. Wenn du nicht für ein Umfeld sorgen willst, in dem ich mich sicher fühle, dann werde ich cool bleiben. Aber dann wirst du wahrscheinlich die Magie vermissen, die stets mit dem Risiko einhergeht. Nur kleine Jungen sagen: »Zeig mir die Magie, aber bleib dabei cool!«

Ich spreche hier nicht von pathologischem Wahnsinn. Ich bin durchaus verantwortlich für mein eigenes Verhalten. Ich verstehe es und arbeite daran. Ich bin nicht Glenn Close und du bist nicht Michael Douglas. Nein, ich meine den göttlichen Wahnsinn. Ich meine die heilsamen Krisen, die mit einer tiefen Liebe einhergehen, ich meine die »Entgiftung« von den tausendjährigen finsteren und begrenzten Denkweisen, die hinter uns liegen. Ich spreche von den Ungeheuern, die aus ihrer Höhle gelockt werden, sobald das Licht der Liebe erstrahlt.

Und darum ist die Monogamie hilfreich. Sie hat die Möglichkeit, mit all diesen Ungeheuern, die zum Vorschein kommen, fertig zu werden, und ich muss mir dann keine Sorgen darüber machen, ob Cheryl oder Sue diese Woche attraktiver auf dich wirken als ich. Wenn du willst, dass ich mich wirklich entspanne, und wenn du willst, dass ich wirklich loslasse und aus mir herausgehe, dann schaff diese albernen Fragen aus der Welt, ja?

Ich danke dir. Und ich will dasselbe auch für dich tun.
Ich habe nicht mal seine Nummer aufgeschrieben ...

Die Zeit kann eine große Bedrohung für die Liebe sein. Wir haben allmählich das Gefühl, wir seien den Illusionen der Welt in die Falle gegangen, seien gefangen in unseren beengten Lebensverhältnissen, unseren lähmenden Träumen. Ein Hauch von Versagen liegt wie ein Dunstschleier über allem, der uns kleinmütig werden lässt. Es ist schwer zu hoffen, wenn man kein Vertrauen in sich selbst hat. Und wenn man sich selbst negativ sieht, beginnt auch der andere, einen so zu sehen.

Der Geliebte wirkt heute Nacht nicht stark, sondern schwach und ängstlich, gar nicht wie der Retter, auf den ich gehofft habe. Er scheint aufgegeben zu haben und das löst in uns beiden Entsetzen aus. Wir sind nicht mehr erstaunt; wir sind nicht mehr erregt; wir sind nicht mehr beeindruckt; wir haben das Gefühl, wir seien in der Falle, wir kommen uns ausgehöhlt vor. Stress und Anspannung, Überdruss und Kummer lassen uns frühere, heitere Tage vergessen. Unsere Liebe hatte einmal die Macht, jeden Himmel zu verklären, ganz gleich, ob er blau war oder nicht; aber diese Tage gibt es nicht mehr.

Wir brauchen ein Wunder, das unsere Liebe erneuert, da Schuld und Kummer sie strapaziert haben. Wir haben ein Idol, einen Abgott aus unserer Beziehung gemacht und vielleicht vergessen, dass eben nur Gott Gott ist. Jetzt, wo wir uns ihm wieder zuwenden und unsere Bindung an den Ursprung aller Dinge erneuern, wird auch die Bindung, die wir zueinander haben, auf wundersame Weise wiederhergestellt. Wir können uns selbst verzeihen, dass wir eben Menschen sind, sobald wir uns an den Einen erinnern, der vollkommen ist, und uns ins Gedächtnis gerufen haben, dass Er in uns lebt. Menschen versagen, Gott nicht. Akzeptieren wir das, so können wir sowohl uns selbst als auch den anderen akzeptieren.

Gott liebt unser Innerstes. Wenn wir es nur mit Seiner Gnade aufnehmen könnten …

Heute Morgen zog er sich an und hinterließ auf dem Schlafzimmerboden ein heilloses Durcheinander.
Das ist nicht mein Geliebter.

Auf der ganzen Küchenablage liegen Brotkrümel verstreut und an der Kühlschranktür klebt Marmelade.
Das ist nicht mein Geliebter.
Ich bin nicht seine Sklavin und ich habe es satt, seine Hemden zur Reinigung zu bringen.
Das ist nicht mein Geliebter.
Ich müsste eigentlich viel mehr Anerkennung bekommen, als dieser Mann mir gibt.
Das ist nicht mein Geliebter.
WER IST DANN MEIN GELIEBTER?
Komm und sieh her …

Wir können uns gegenseitig nur dann richtig sehen, wenn wir mit den Augen Gottes sehen.

Gebete und Meditation sind der Kraftstoff für den Flugkörper, der uns in verzauberte Sphären führt. Etwa sechzehn Stunden am Tag setzen wir unserem Verstand damit zu, dass wir an die Welt denken; und dieses An-die-Welt-Denken trägt nichts dazu bei, den Geist Gottes zu verherrlichen. Wir verherrlichen damit das Ich und damit entgeht uns das Wunderbare der Verzauberung. Wir haben Probleme, wir haben Schwächen, wir machen Fehler, wir erreichen unser Ziel nicht, wir geben auf, wir werden fertig gemacht, wir versagen – wir sind menschlich. Und all das macht uns für das ichbezogene Selbst weniger vollkommen, weniger wunderbar, weniger attraktiv.

Wie fatal ist das für das liebende Herz! Wenn die Liebe durch unsere Menschlichkeit geschmälert wird, welche Chance haben wir dann noch?

Die Liebe Gottes ist das Bindemittel, das unsere Herzen zusammenhält, wenn die Welt sie zu entzweien droht. Das Beten und das Meditieren ist wie ein Rückzug auf ein verzaubertes Schloss, wohin wir gehen, um sagen zu können: »Hier verbringe ich Zeit, abgeschieden von der Welt. Ich möchte die entscheidende Wahrheit wissen, die vollkommenste Wahrheit. Ich möchte, dass diese Wahrheit in mir Einkehr hält, sich mir offenbart, damit ich meinen Geliebten wirklich kennen lerne. Ich werde hier in diesem wundersamen Schweigen verharren und Zwiesprache halten mit meinem Vatergott (oder meiner Muttergöttin). Gott wird mich von meinen bösen Gedanken heilen und mir neue Augen schenken. Ich will hier in Seinen Armen bleiben, solange es eben braucht, um meine schmerzende Seele zu heilen. Dann will ich in die Welt zurückkehren, aber ich werde nicht dieselbe sein wie zuvor. Ich werde mir nun wieder im Klaren darüber sein, wer ich bin, und ich werde mich an meine kostbare Liebe erinnert haben. Ich werde zurückgekehrt sein zum Ort unseres Wissens. Ich werde gesehen haben, wer er oder sie wirklich ist. Ich werde Heil an dem einzigen Ort gesucht haben, an dem ich es finden kann. Bring mich zu dir zurück, lieber Gott. Bring mich zur Liebe zurück. Amen.«

Lieber Gott,
bitte zeige uns einer dem anderen
und zeige uns,
wie wir uns lieben sollen.
Amen

Elftes Kapitel
Körper und Seele

Vor mehr als zwanzig Jahren lebte ich mit meinem damaligen Freund im vierten Stock eines Mietshauses ohne Aufzug in New York. Eine Etage über uns wohnte ein sehr unscheinbares Paar. Wir begegneten uns oft auf der Treppe, aber die beiden waren wenig gesprächig und grüßten nur selten.

Er war Collegelehrer, wirkte scheu und war blass und schmalgliedrig. Sie war ebenfalls ziemlich klein und unauffällig. Sie waren – im herkömmlichen Sinne – kein sehr interessant aussehendes Paar.

Und doch drangen tagein, tagaus Geräusche durch die Decke zu uns – früh am Morgen und zu allen nächtlichen Stunden –, die geradezu unglaublich waren. Mein Freund und ich waren jung und verliebt, aber unsere »sportlichsten« Tage und Nächte waren nichts, verglichen mit denen unserer Nachbarn von oben.

Zu den gewöhnlichen Geräuschen quietschender Betten und erregter Liebender kam ein menschlicher Schrei, den wir immer wieder vernahmen. Während wir von dem Mann nie einen Ton hörten, schrie seine Freundin immer wieder ekstatisch: »NEIN!!!«, und zwar so oft und so unterschiedlich und mit solcher Leidenschaft, dass wir unwillkürlich lachen mussten. Wir versuchten ihre Geräusche zu übertönen, indem wir uns Kissen auf die Ohren pressten.

Es erstaunte mich, dass nie ein anderes Wort als »Nein« über ihre Lippen zu kommen schien. Eines Nachts, als wir eben wieder einmal eine ganze Symphonie ihrer »Neins« gehört hatten, fragte ich mich laut: »Warum sagt sie wohl niemals ja …?«

Die Veränderung in unserem Bewusstsein, die die Bedeutung unseres Zeitalters bestimmt, ist eine Verlagerung des Hauptaugenmerks vom Körper hin zur Seele. Das heißt nicht, dass der Körper keine Rolle mehr spielt, und es heißt sicherlich nicht, dass der Körper schlecht ist. Damit wird einfach anerkannt, dass innere Gegebenheiten kausale Gegebenheiten sind und dass alle äußeren Lebensbedingungen nur einen inneren Zustand reflektieren.

Wenn der Geist sich wandelt, wandelt sich auch der Körper. In dem Zeitalter, das nun allmählich zu Ende geht, war der Körper ein Haus. In dem Zeitalter, das nun vor uns liegt, wird er zu einem Tempel. Er hat die Energien unseres körperlichen Lebens beherbergt und jetzt beginnt er die Energien der Erleuchtung zu beherbergen. Diese Veränderung bewirkt die Meditation. Diese Veränderung bewirken Gebete. Und wenn der Sex im Bewusstsein wahrer und zärtlicher Liebe vollzogen wird, dann bewirkt auch er diese Veränderung.

Liebe heilt den Körper. Schauen Sie sich an, wie eine Frau nach einer Nacht aussieht, die sie mit einem Mann verbracht hat, den sie liebt und der auch sie liebt. Auch am Körper eines Mannes ist zuweilen ein Unterschied spürbar, aber der Körper einer Frau verwandelt sich buchstäblich so sehr, wie der eines Mannes es wohl nie tut. Ihre Brüste, ihre Haut und vor allem ihr Gesicht strahlen nun Sinnlichkeit aus. Männer wie Frauen schweben an den Tagen, die ihren schönsten Nächten folgen, ein Stück über dem Boden. Wenn wir in Amerika ganz allgemein ein glücklicheres Sexualleben hätten, würde die Zahl unserer Verbrechen schlagartig sinken.

Auf diesem Planeten leisten wir mehr Widerstand gegen die Freude als gegen den Krieg. Ständig missachten wir den Ruf unserer Seelen, verleugnen das Lied von der Freiheit, das in jedem Herzen gesungen wird, und unterdrücken die Wertschätzung und Liebe, die wir füreinander haben. Verzauberung weht zu uns wie eine Welle Duft erfüllter Luft, aber wir haben Angst vor ihren berauschenden Substanzen. Doch egal, ob es uns recht ist oder nicht: Etwas Neues bricht sich Bahn. Wir können es bekämpfen oder es begierig aufnehmen: Es ist wie eine Geburt. Die Hormone der Erde machen sich bereit. Die Zervix des Astralleibs dehnt sich. Tränen treten uns in die Augen. Es kommt, es kommt! Wir bringen etwas zur Welt, das mehr ist als ein Kind. Endlich wird unser wahres Selbst geboren.

Es ist ein trauriger Tatbestand, dass viele Menschen heutzutage viel mehr über Sex als über Liebe wissen.

Zeitschriften bombardieren uns ständig mit entsprechenden Schlagzeilen: »Wie sexy!« »Seien Sie sexy!« »Er (oder Sie) ist so sexy!« »Sex mit einem Außerirdischen!« »Sex, Sex, Sex!«

Der Mensch, der einst Gott vom Sex getrennt hat, sollte wegen emotionaler Verbrechen gegen die Menschheit vor Gericht gestellt werden. Man hat Gott vom Vergnügen dissoziiert und ihm dadurch prüde, strenge Züge verliehen – und das war nur ein geringfügiges Delikt! Die schlimmste Tat, das wahre spirituelle Verbrechen, bestand darin, Gott aus dem gesamten Bereich der Sexualität herauszunehmen. Seit dieser Zeit sind wir beschädigt und gebrochen.

Selbst wenn wir aus tiefster Seele lieben, wenn wir die besten Absichten und den ehrlichen Wunsch haben, uns selbst und anderen gerecht zu werden, entdecken wir oft, dass Sex im emotionalen Leben eines Menschen wie eine Bombe wirken kann. Was also müssen wir über Sex wissen, das ganz offenbar nicht ohne weiteres sichtbar ist?

Zuallererst einmal sind Männer und Frauen verschieden. Wir sehen Sex unterschiedlich; unterschiedliche Hormone laufen durch unsere physiologischen Systeme. Die Natur benötigte unterschiedliche körperliche Konstellationen von uns und programmierte uns unterschiedlich, um zu bekommen, was sie brauchte. Millionen Jahre hindurch brauchte die Natur Männer, die von einer Frau zur nächsten gingen und sie schwängerten, um den Erhalt der Gattung zu sichern. Und Frauen mussten sich mit den Kindern ein Heim schaffen, um sie großzuziehen. Diese Triebkräfte, die zumindest in den letzten Hunderttausenden von Jahren unsere Systeme beeinflussten, bewirkten, dass die instinktive Reaktion des Mannes nach dem Sex mit dem Satz: »Ich muss weiter« resümiert werden kann, wohingegen die der Frau noch immer mit dem Satz: »Lass uns ein Heim schaffen« auf einen Punkt zu bringen ist.

Daher haben Männer und Frauen die Pflicht, die Verantwortung für die machtvollen Triebkräfte zu übernehmen, die der Sex in ihnen weckt. Wenn eine Frau mit einem Mann Sex hatte, werden Hormone in ihrem Körper freigesetzt, die eine chemische Bindung zu diesem Mann schaffen – ob sie diese Bindung nun will oder nicht. Daher ist es in der Tat bedenklich, von jemandem abhängig zu werden, der nicht bewusst und in voller Verantwortlichkeit diese Abhängigkeit wünscht. Es ist wundervoll, wenn ein Mann im Bett erregt ist, aber nur eine kühle oder eine dumme Frau kann sich zu der Annahme hinreißen lassen, dass das Lächeln, zu dem er sein Gesicht verzieht, wenn er ihr Lächeln sieht, Monate und Jahre schmerzlicher Nächte wert ist. Und doch wird dieser Schmerz unausweichlich kommen, wenn sein Lächeln nur die Sehnsucht seines Körpers, nicht aber die seines Herzens widerspiegelt.

Die meisten Männer werden bei diesem Thema ziemlich ehrlich sein – sofern eine Frau sich traut, ihnen dazu ganz direkte Fragen zu stellen. Hat der Mann zu Ihnen gesagt: »Wenn wir jetzt Sex miteinander haben, so heißt das auch, dass ich dich weiterhin anrufe?« Hat der Mann zu Ihnen gesagt: »Wenn wir jetzt Sex miteinander haben, bedeutet das, dass ich keinen Sex mit anderen Frauen haben werde?« Hat der Mann zu Ihnen gesagt: »Wenn wir jetzt Sex miteinander haben, so heißt das, dass ich einen geheiligten Ort mit dir betrete, der unserem gegenseitigen Kennenlernen dient?«

Frauen gehen solchen Gesprächen oft aus dem Weg. »Ich wollte die Magie des Augenblicks nicht zerstören.« *Schön und gut, aber wo ist die Magie?* »Ich wollte ihn nicht unter Druck setzen.« *Was, er darf Sex mit Ihnen haben, aber er braucht keine Fragen zu beantworten?* »Er sagte, er wäre an keiner festen Bindung interessiert, aber er war in dieser Nacht so erregt, dass ich dachte, er würde es nicht so meinen.« *Werde erwachsen, Mädchen!*

Frauen – und auch Männer – geraten oft in schwierige innere Konflikte, wenn es um die emotionalen Verantwortlichkeiten geht, die mit sexuellen Begegnungen einhergehen. Doch wenn wir älter werden, beginnt unsere vermaledeite Erregung, die größte Scheuklappe überhaupt, nachzulassen und die Realität tritt etwas stärker in den Vordergrund. Nun kommt einem ein Gespräch nicht mehr wie ein ungeheuerliches Opfer, wie der Zerstörer eines leidenschaftlichen Augenblicks vor. Heute muss ich lachen, wenn ich mich an jene Tage erinnere, wo wir es kaum von der Eingangstür ins Schlafzimmer schafften und nur hoffen konnten, dass der Boden sauber war. Heute verstehen wir es, geruhsame Unterhaltungen zu führen, und das Leben gewinnt dadurch an Reiz.

Wenn der Sex nichts Magisches hat, dann sollte er nicht geschehen. Doch wenn er magisch ist, dann sollte seine Macht nicht unterschätzt werden. Der Energieaustausch zwischen zwei Menschen, die Liebe machen, ist wesentlich bedeutsamer, als Rationalisten annehmen. Das ist der Grund, warum wir so ungeheuer verletzbar gegenüber einem Menschen werden können, mit dem wir Liebe gemacht haben. Es ist wichtig, dass jemand genügend Charakterstärke hat, damit er die Macht, die er in der vergangenen Nacht über den anderen hatte, am Tag danach – und auch an allen darauf folgenden Tagen – nicht missbraucht. Wird sie sich an ihn klammern und Ansprüche erheben? Wird er sich von ihr zurückziehen? Liegen diese Fragen ungeklärt in der Luft, so neigen Frauen dazu, überaktiv zu werden, Männer hingegen, zu »kneifen«. Aus all diesen Gründen kann es äußerst riskant sein, miteinander zu schlafen, wenn man sich zuvor nicht darüber geeinigt hat, welche Art Beziehung man führen möchte.

Manchmal, wenn wir sehr glücklich sind, legt sich eine Hand auf uns, die allein durch ihre Berührung die Macht hat, uns sich zu Eigen zu machen. Und dann haben wir keine Wahl mehr. Kein Mann, keine Frau und kein Kind hat sonst die Macht, uns so stark an sich zu binden. Jemand hat einen Pfahl in unseren emotionalen Boden gesteckt. Wir können einen anderen Menschen lieben, nicht aber einem anderen Menschen gehören. Doch sobald wir wissen, zu wem wir gehören, kann nichts dieses Wissen ändern.

Plötzlich ist klar, dass das, was wir mit diesem einen Menschen lernen und erreichen können, jede andere Frage in den Hintergrund treten lässt. Die Alchemie zwischen Ihnen erhellt Ihren Weg und führt Sie direkt in den Raum, in dem der Mensch, der Sie wirklich sind, sich von Grund auf erneuert und verändert und Ihr gemeinsames Zusammensein zu einem mythischen Abenteuer wird. Es gibt kein größeres Glück, als von einem Menschen verstanden zu werden, der einen so gründlich kennt. Kein Geheimnis ist verlockender als diese Liebe.

Jetzt sind wir gezwungen, von einer Sphäre in eine andere zu wechseln, schnell in die Freiheit zu laufen. Wir sind gezwungen, auf einen Schlag all die Schritte zu machen, für die wir zuvor Jahre brauchten. Jede Zelle in unserem Körper ruft uns zu: »Handle!« Es kann ein Zeichen von Souveränität sein, sein ganzes Leben nach nur fünfzehnminütiger Überlegung zu ändern, und ein Zeichen von Schwäche, es nicht zu tun.

Und zwar deshalb, weil wir wissen, was wir wissen, und

nicht mehr willens sind, ziellos in unserem Leben herumzustolpern und so zu tun, als wäre das gar nicht so. Wir sind nicht länger willens, uns hinter den Täuschungen der Welt, den spießbürgerlichen Konventionen einer Gesellschaft zu verstecken, die Regeln mehr respektiert als die Liebe. Wir sind entschlossen, vorwärtszugehen. Wir sind entschlossen, viel Vertrauen aufzubringen. Wir sind entschlossen, unsere Liebe an uns zu ziehen und sie nie mehr loszulassen.

Viele von uns haben jahrelang über die Dinge diskutiert, die in ihrem Liebesleben falsch liefen, doch wir haben erst vor kurzem begonnen, darüber zu reden, was wir besser machen könnten. Die wirkungsvollste Weise, eine »dysfunktionale« Vergangenheit zu verändern, ist, eine »funktionale« Gegenwart anzunehmen. Am ehesten zieht man eine große Liebe an, indem man sich gedanklich damit beschäftigt. Am ehesten ermöglicht man es, geliebt zu werden, wenn man sich selbst liebenswert verhält.

Manchmal sind die Menschen durchaus bereit, im Bett freigebig zu sein, haben jedoch kein Interesse, dies auch außerhalb des Bettes zu sein! Eine weit verbreitete Neurose in intimen Beziehungen äußert sich darin, dass die meisten Menschen nur sehr ungern etwas aufgeben. Eine narzisstische Generation wuchs mit der Einstellung auf: »Ich habe meine Ansprüche, Wünsche, Bedürfnisse, Gewohnheiten und Vorlieben. *Ich habe keine Absicht, etwas davon für dich aufzugeben.*«

Wenn wir der Verzauberung der Liebe Bedeutung zumessen, dann empfinden wir – wenn wir unserem Partner um seiner selbst willen einen Gefallen erweisen – nicht Bedauern darüber, dass wir nicht ganz wir selbst sind, sondern sehen darin vielmehr die Kunst der Liebe.

Einmal kam ein Paar in eine meiner Gruppen; die beiden sagten, sie hätten Probleme. George behauptete, Melissa sei eine Frau, die gern Körperkontakt habe; sie neige dazu, die Menschen, mit denen sie spräche, leicht und zart zu berühren. Doch der Darstellung Georges zufolge legte sie diese Zartheit auch bei anderen Männern an den Tag, und zwar so, dass es für sein Gefühl über das Übliche hinausging; er sah darin keine platonische Zuneigung, sondern reine Koketterie. Ich fragte Melissa, was sie dazu meine. Sie beschrieb eine Situation, in der sie einen gemeinsamen Freund angefasst hatte, woraufhin George ärgerlich geworden war. »Aber mir ist nicht einmal bewusst, wenn ich mich so verhalte!«, rief sie aus.

Ich bat George, aus seiner Sicht zu erklären, was sich zugetragen hatte.

»Sie hat ihn nicht nur angefasst«, sagte er. »Sie streichelte seinen Nacken und berührte ihn auch an anderen Stellen.«

Ich schaute Melissa an. Sie stritt es nicht ab.

»Wie wäre es für dich, wenn sie andere Leute – und auch Männer – umarmen würde, wenn sie ihnen begegnet?«, fragte ich ihn.

»Dagegen hätte ich nichts einzuwenden«, antwortete er. »Das ist mir egal. Ich rege mich nur auf, wenn eine sexuelle Komponente mit im Spiel ist.«

»Stimmt das?«, fragte ich sie. »Ist eine sexuelle Komponente mit im Spiel, wenn du vor ihm mit anderen Männern flirtest?«

Wiederum entgegnete sie nichts.

»Melissa«, sagte ich. »Willst du, dass George sich weiterhin zu dir hingezogen fühlt?«

»Ja«, antwortete sie.

»Willst du, dass er sich in deiner Gegenwart wirklich wohl fühlt? Willst du, dass er es aufregend und schön findet, mit dir zusammen zu sein? Willst du, dass er dich weiterhin begehrt?«

»Ja.«

»Melissa«, sagte ich, »dann *hör auf damit*.«

Beide lachten und wirkten erleichtert.

Was Melissa da eben gelernt hatte, war eines der wichtigsten

Dinge in der Intimität: *Manche Dinge tut man nur, damit der andere sich wohl fühlt.* Ich gehöre zu einer Generation, die in diesen Belangen so unbedarft war, dass sie Ansichten vertrat wie diese: »Ich bin nicht dafür verantwortlich, dich glücklich zu machen.« Heute denke ich: »Nein, ich bin nicht dafür verantwortlich – aber es ist sicherlich eine gute Idee!«

Wenn George von Melissa verlangt hätte, ihre eigene Integrität, ihre Maßstäbe oder ihre Lebensziele aufs Spiel zu setzen, dann wäre die Sache natürlich ganz anders gewesen. Aber es besteht ein sehr großer Unterschied zwischen wesentlichen Punkten – die niemals in Frage gestellt werden sollten – und oberflächlichen Punkten; ob und wie flexibel wir damit umgehen, ist allein entscheidend für Glück oder Unglück des anderen.

Sie müssen entscheiden, was Sie wollen. Sowohl George als auch Melissa waren sich bereits darin einig, dass Melissa es nicht gerne sah, wenn andere Frauen George in ihrer – Melissas – Gegenwart anmachten. Ich sagte zu Melissa, wenn sie sich in ihrem Verhalten ändere – wenn George sehen könne, dass sie es ganz bewusst unterlasse, andere Männer in seiner Gegenwart zu berühren –, dann würde er, davon wäre ich felsenfest überzeugt, etwas später an diesem Abend jedes Opfer, das sie glaubte, gebracht zu haben, mehr als wettmachen. Und natürlich wusste sie – und auch er –, dass ich Recht hatte.

Ein anderes Paar erzählte mir eine Geschichte, in der es um ähnliche Probleme ging. Sein Name ist Brian, ihrer Suzanne.

»Ich besaß ein Gratis-Flugticket, mit dem ich an jeden Ort des Landes fliegen konnte«, berichtete er, »aber ich hatte nur dreißig Tage lang die Möglichkeit, es zu nutzen. Meine Frau konnte sich in dieser Zeit keinen Urlaub nehmen und war einverstanden, dass ich alleine irgendwohin flog.

Ich hatte Lust, nach Hawaii zu fliegen. Sie sagte, gerade gegen dieses Reiseziel habe sie etwas einzuwenden, weil sie die

Insel so romantisch fände und immer gewollt habe, dass wir gemeinsam dorthin fliegen.

Ich konnte nicht begreifen, warum ich nicht trotzdem reisen sollte, und schlug meiner Frau vor, zu einem späteren Zeitpunkt zusammen mit ihr noch einmal hinzufliegen. Ich versprach ihr, dass wir das wirklich tun würden. Aber sie sagte immer wieder, es verletze ihre Gefühle, dass ich nach Hawaii fliegen wolle. Ich konnte das nicht nachvollziehen und reiste gegen ihren Willen hin. Jetzt bin ich wieder da, aber ich spüre, dass die Chemie, die Energie, zwischen uns nicht mehr richtig stimmt.«

Ich fragte Suzanne, wie sie die Situation sehe. Sie sagte, Brians Version der Geschichte entspräche der Wahrheit. Es habe sie tatsächlich verletzt, dass er ihre Gefühle bei dieser Sache nicht respektiert habe, auch wenn sie ihm vielleicht irrational vorgekommen seien.

Ich verstand Suzannes Standpunkt. Ich sagte zu Brian, die Gefühle einer Frau seien nicht notwendigerweise *rational* – es seien eben Gefühle. Aber es gibt im Universum kaum eine aufregendere Energie als die einer Frau, die wahrhaft glücklich ist. Bei dieser Angelegenheit ging es nicht darum, wer Recht hatte – das gab es hier gar nicht. Hier erhob sich die Frage: Ist Ihr Partner nur Ihr Freund, jemand, der *neben* Ihnen durchs Leben geht, oder ist Ihr Partner jemand, mit dem Sie in einer immer komplexeren Beziehung verbunden sind, in der Sie sich gegenseitig beschenken, Dinge miteinander teilen und sich gegenseitig Lust spenden? Der einzige Grund für Brian, die Reise nach Hawaii nicht zu unternehmen, wäre gewesen, den größtmöglichen emotionalen »Gewinn« aus seiner Ehe zu ziehen. Hawaii hat zweifelsohne seine äußeren Vorteile, aber er zog es vor, einige innere Vorteile aufs Spiel zu setzen, indem er gerade zu dieser Zeit hinflog. Er verpasste eine Gelegenheit, die er, hätte er das Ganze aus einer romantischeren Perspektive gesehen, vielleicht wahrgenommen hätte: die, seine Frau glücklich zu machen.

Ein paar Augenblicke vergingen. Dann schaute Brian Suzanne an und sagte: »Es tut mir Leid.«
Der ganze Saal schmolz dahin. Ich sah sogar ein paar Tränen.

Brian ist ein Mann, der dabei ist zu lernen, wie man die Gefühle einer Frau achtet. Nicht weniger wichtig ist es, dass eine Frau lernt, die Gedanken eines Mannes zu respektieren.
»Mein Problem ist mein Ehemann«, erklärte Kate.
Allein dieser Satz sagte eine Menge aus!
»Er ist ein wunderbarer Mensch und ein wunderbarer Vater für unseren dreijährigen Sohn. Ich liebe meinen Mann sehr. Aber er ist Agnostiker geworden. Er war einmal sehr religiös, aber dann fing er an, über andere Religionen und Metaphysik und solche Dinge zu lesen, und jetzt sagt er, er wisse gar nicht mehr, woran er eigentlich glaubt.«
Sie hielt inne.
»Entschuldige«, sagte ich. »Ich verstehe nicht, wo das Problem ist.«
»Nun, es geht um meinen kleinen Sohn«, fuhr sie fort. »Ich mache mir Sorgen, wie es auf ihn wirken könnte, dass sein Vater nicht weiß, ob er an Gott glaubt oder nicht!«
Ich sagte zu ihr: »Wenn dir die psychologische und spirituelle Entwicklung deines Sohnes am Herzen liegt, dann ist das Beste, was du tun kannst, ihn zu lehren, seinen Vater zu respektieren. Das schließt auch den intellektuellen Weg seines Vaters ein. Dein Mann hat sich eine Aufgabe gestellt, die schwierig ist und viel Mut erfordert: Er entwickelt ganz eigene, neue Gedanken. Darauf solltest du stolz sein und es respektieren. Es ist sein geistiger Weg und diese spezielle Art, die Dinge kritisch zu hinterfragen, gehört auch zu dem Weg seiner ganzen Generation.

Das größte Geschenk, das du dir selbst, deiner Ehe, deinem Mann und deinem Sohn machen kannst, ist, den Gedanken deines Ehemannes Respekt zu erweisen. Du musst nicht mit den intellektuellen Schlussfolgerungen eines Menschen übereinstimmen, um den Weg respektieren zu können, der ihn dahin führte. Denk daran, dass der ichbezogene Geist uns in heimtückischer Weise immer wieder dazu verleiten will, andere Menschen zu verurteilen, insbesondere diejenigen, die wir am meisten lieben, und versuchen will, mit dieser Liebe unsere Verurteilung zu rechtfertigen.«

»Das Problem, wie du es darstellst, hat nichts mit Gott zu tun. Deinen Worten nach geht es dabei vielmehr darum, einen Mann zu respektieren und auch seinen Kindern beizubringen, ihn zu respektieren. *Das* aber hat in der Tat mit Gott zu tun.«

Sie hatte es verstanden. Und beide schickten mir Blumen ...

Es geht in der Intimität also nur um eines: Eine Beziehung bedeutet Vereinigung und bei dieser Vereinigung geht es nicht um das Körperliche, sondern um das Geistige. Alle Probleme auf dieser Welt – von Krieg bis hin zu häuslicher Gewalt – kommen daher, dass Herzen voneinander getrennt sind. Immer und überall, wo zwei Herzen sich verbinden, wird die Welt dem Himmel ein Stück näher gebracht. Aber die Hölle ist in unserem Denksystem fest verwurzelt. Selbst in unseren intimsten Beziehungen drängt es uns dazu, Schuld zu finden, und oft benutzen wir den Sex, um die emotionale Distanz zu überbrücken, die unsere Schuldgefühle erzeugt haben. Wir lernen jetzt, dass wahre Heilung nur mit dem Herzen erfolgen kann.

Wenn Sex lediglich ein Ersatz für Kommunikation ist – oder schlimmer noch, ein Ausdruck der Wut –, dann trägt er natürlich nichts zur Heilung bei. Doch wenn er das Gespräch vertieft, weil Worte allein die Gefühle nicht ausdrücken können, die vielleicht meine Hand, die dein Gesicht streichelt, zum Ausdruck zu bringen vermag, dann wird der Körper dazu eingesetzt, etwas Höherem zu dienen. Die Liebe, nicht der Körper, heilt alle Dinge.

Ich möchte noch hinzufügen, dass es den Sex besser macht, wenn man das weiß. Der Körper erhebt uns über den Körper. Dann wird der Sex zu einem Tor, das in eine Sphäre führt, zu der der Körper nicht einmal Zugang hat.

Lieber Gott,
ich habe meine Liebe verloren.
Mir ist, als wenn mein Herz zerbrochen wäre
und nie wieder heilen könnte.
Bitte hilf mir, Gott,
darüber hinwegzukommen.
Lass mich die Wahrheit erkennen
und zeig mir
eine Liebe, die niemals vergeht.
Amen

Zwölftes Kapitel
Wenn die Form sich verändert

Ein Freund schickte mir fast täglich eine E-Mail. Eines Morgens erhielt ich eine von ihm, die lautete: »Immer dieselbe Botschaft: Ich bin dir ewig dankbar, dass wir einmal in derselben Stadt und zur selben Zeit zusammen ankamen.«

An diesem Tag erhielt ich noch eine weitere E-Mail von ihm, aber sie kam mir eher belanglos vor. Ich behielt sie nicht einmal im Gedächtnis.

Einige Stunden nachdem er diese Zeilen geschrieben hatte, unternahm er eine Flugreise – und kurz darauf starb er an einem Herzinfarkt. Wir hatten nie die Möglichkeit, uns voneinander zu verabschieden.

Später an diesem Tag sagte ich zu meiner Sekretärin: »Bitte drucken Sie diese letzten E-Mails von Andrew aus. Ich möchte sie aufbewahren.«

In jener Nacht hatte ich einen Traum. Darin klingelte das Telefon und ich hob ab, ohne mir etwas zu denken. »Hier ist Andrew«, sagte die Stimme am anderen Ende der Leitung. Ich sah ihn in einem Sessel sitzen und in die Muschel sprechen.

Obwohl dies seine einzigen Worte waren, verstand ich die Bedeutung des Traums: Er hatte eine besondere Erlaubnis erhalten, mich anzurufen.

Ich war von diesem Traum wie elektrisiert. Plötzlich erwachte ich, setzte mich in meinem Bett auf und rief: »O mein Gott ...!« Ich hatte das sichere Gefühl, dass ich mit dem Tod in Berührung gekommen war.

Am nächsten Tag – oder vielleicht auch am übernächsten – saß ich an meinem Schreibtisch, telefonierte und blätterte dabei in meinen Aktenordnern. Dabei entdeck-

te ich den Ordner, auf dem »Andrews letzte E-Mails« stand. Als ich ihn öffnete, sah ich seine beiden letzten Nachrichten; die zweite – die ich ursprünglich für unwichtig gehalten hatte – lautete: »Wo immer ich heute Nacht sein werde – ich werde versuchen, dich anzurufen.«

Wenn Beziehungen »beendet« sind, sind sie nicht wirklich zu Ende. Der Körper ist nur eine Hülle für den Geist der Liebe, und nicht die Tatsache, ob Körper kommen oder gehen – ja nicht einmal, ob sie physisch lebendig sind oder nicht –, entscheidet über das Vorhandensein von Liebe, über ihre Wirklichkeit und ihre ewige Bedeutung.

Alles, was existiert, existiert in Wahrheit für alle Zeiten. Unsere Existenz beginnt nicht mit unserer Geburt und endet auch nicht mit dem Tod. Und das Gleiche gilt für Beziehungen. Hat Gott zwei Menschen zusammengebracht, so kann nichts sie auseinander reißen, heißt es. Wenn wir uns einmal mit einem anderen Menschen im Geist wahrer Liebe verbunden haben, dann können wir uns entspannen, in dem Wissen, dass diese Liebe für alle Zeiten unser ist. Ihr Geliebter kann nach China ziehen, sich von Ihnen scheiden lassen und jemand anderen heiraten, ja er kann sogar sagen, er hasse Sie, doch die tatsächliche Wahrheit bleibt für alle Zeiten gültig. Alles, was mit Liebe zu tun hat, bedeutet Ewigkeit. Keine Meinung, keine augenblicklichen Emotionen eines Menschen können daran etwas ändern. Beziehungen dauern ewig und die Liebe kann nie sterben.

Wenn Sie mit jemandem noch »Heilungsarbeit« zu leisten haben, dann kann das fünf Tage, aber auch fünftausend Jahre dauern, aber Sie werden wieder zusammenkommen, um eine Chance dafür zu haben. Anderenfalls wird der Wille Gottes nicht geschehen – doch das ist unmöglich. Es ist Gottes Wille, dass sich Seelen miteinander vereinigen, und das ganze Universum ist in Seinen Plan verwoben. Jedesmal, wenn zwischen

Menschen aus irgendeinem Grund ein Konflikt entsteht, ist die Harmonie von Gottes Universum gestört. Der göttliche Geist ist wie ein allgegenwärtiger, allmächtiger Biocomputer, der jeden an die Menschen und Umstände heranführt, die ihm die bestmöglichen Gelegenheiten dafür geben, Liebe und Vergebung zu lernen. Das ist das bedeutendste Lebensthema auf Erden. Eines Tages werden alle mit allen wieder vereinigt sein und die Freude darüber wird die Welt zum Leuchten bringen.

Jedes Mal, wenn zwei Herzen sich miteinander verbinden, jedes Mal, wenn ein Mensch über die Mauern hinausgreift, die uns trennen, rückt die ganze Welt dem Himmel ein Stück näher. Ein Glied in einer zerbrochenen Kette ist wieder eingesetzt worden und die einst getrennten Glieder sind nun noch stärker als zuvor. Die Kette der Sühne verbindet uns alle miteinander und zugleich mit Gott.

Trennungen können sehr schmerzlich sein. Die meisten Liebenden kämpfen auf irgendeiner Ebene damit, ihr seelisches Ziel, das heißt, ihren Wunsch nach Vereinigung, und ihr irdisches Ziel, das heißt, ihr Bedürfnis nach Individualität miteinander in Einklang zu bringen. Eine spirituell reife Liebe ist vor die Herausforderung gestellt, eine Möglichkeit zu finden, beide zu integrieren.

Es kam vor, dass wir Menschen geliebt haben, deren Auffassung von einer Beziehung vager, weniger offen war als unsere, die mehr nach dem Motto »Wir wollen uns nicht festlegen, lass uns einfach sehen, was sich ergibt« lebten. Doch vielleicht waren auch wir zuweilen diejenigen, die sich an dieses Motto hielten. Wir leben in einer Zeit, in der alte Denkformen oft nicht mehr zu gebrauchen sind, und wir kämpfen darum, das richtige Gleichgewicht zwischen Freiheit und Verantwortung zu finden. Das richtige Gefäß für die Liebe zu schaffen kann tatsächlich eine Herausforderung sein: Wo erlauben wir der Form, unsere Liebe zu ersticken, und wo benutzen wir die Form, um ihr lediglich eine Struktur zu geben und sie in der materiellen

Welt bedeutungsvoller zu machen? Zu viele Menschen konzentrieren sich auf die Form, und die Liebe selbst – die Bedürfnisse der Menschen – kommt dabei nicht zu ihrem Recht. Aber wenn wir nur eine gänzlich freie Liebe wollen und Freiheit und Unabhängigkeit mehr schätzen als Verantwortung und Verpflichtung, dann ist das so, als versuchten wir, den Wind, die Luft, das Nichts zu fassen. Die Lösung besteht darin, eine Form zu wahren und zu halten, jedoch mit Leichtigkeit – wie ein sehr schlichter Rahmen, der ein wunderschönes Bild umgibt.

Irgendwo ist die goldene Mitte, wo wir zwar frei sind, aber auch weltliche Verantwortungen haben. Einerseits haben wir Gefühle für jemanden – doch andererseits gibt es hier auch Prinzipien der Integrität und Versprechungen, die ebenfalls wichtig sind, sowie Menschen, die das Recht haben zu spüren, dass unser Wort etwas sehr, sehr Tiefgehendes und Wesentliches bedeutet. Wenn die Liebe eines Menschen nicht mehr impliziert als die Haltung »Ich empfinde etwas für dich und das wird sich nie ändern«, dann ist das natürlich wunderbar, aber das können wir auch von einem Toten bekommen! Es hat schon seinen Grund, warum wir in einer körperlichen Hülle stecken. Liebe ist nicht etwas, das man lediglich fühlt. Es ist etwas, das man wählt, für das man sich einsetzt, auf das man Anspruch erhebt, das man ganz und gar verkörpert. Ansonsten vergeuden wir im Grunde unsere kostbare Zeit auf Erden.

Grenzen in der Liebe sind wie Bauvorschriften. Manchmal ist es schwer, sie zu beachten, aber gäbe es sie nicht, könnten die Dinge später gefährlich werden. Und wenn man an Integrität und Rechtschaffenheit festhält und sie fordert, so tötet das nicht die Liebe, sondern hebt sie vielmehr auf eine höhere Stufe. Wir brauchen nicht zu fürchten, eine psychologisch reflektierte Existenz werde die Romantik des Lebens zerstören; letzten Endes sind spirituelle und psychologische Wahrheit eins. Sie brauchen einander, denn jede kann, wenn sie von der anderen aus dem Gleichgewicht gebracht wird, in eine Halbwahrheit ausarten. Sie sind das Yin und das Yang aller Beziehungen, auch der intimen. Ja, ich möchte dich nachts lieben, aber ich will dich auch tagsüber gern haben. Ja, ich will mit dir durch die Lüfte fliegen, aber ich will auch mit dir über die Main Street bummeln. Ein Mensch, der in Liebesdingen erwachsen ist, versteht es, beides zu tun, und versucht nicht, das eine für das andere zu opfern.

Früher dachte und fühlte ich so: »Ach, was für eine Enttäuschung. Ich sehe nun allmählich, welche psychischen Probleme er hat, und er sieht meine. Jetzt ist es aus mit der Romantik! Aus mit dem schönen Ideal!« Aber in Wirklichkeit stirbt damit nicht die Romantik; einzig die Illusionen verschwinden. Eine Desillusionierung impliziert ja, dass Sie sich zuvor Illusionen hingaben. Der Zeitpunkt, an dem unsere wahren »Probleme« zutage treten, ist gekommen, wenn zwei Menschen die Gelegenheit haben, in die Tiefe zu gehen, sich gegenseitig besser zu erkennen, schneller zu heilen, ernsthafter zu kommunizieren, aufrichtiger zu sein und wahrhafter zu lieben. Ja, ein paar Minuten lang wird es den Anschein haben, als hätte jemand die Musik abgestellt und die Kerzen ausgeblasen, aber wenn die beiden Partner sich in diesem Augenblick der Wahrheit dazu verpflichten, nach Integrität und Vergebung zu streben, dann wird die Musik wieder einsetzen, die Kerzen werden erneut angezündet und die Romantik wird noch intensiver und leidenschaftlicher sein. Aber das werden Sie nur herausfinden, wenn Sie den Mut haben, bis zum Ende durchzuhalten. Anderenfalls lernen Sie die übrigen Farben des Regenbogens nie kennen.

Ich weiß nicht, wie ich dieses Gewitter deuten soll. Große, graue Wolken, kalte Winde, unruhiges Meer unterhalb dieser Klippe – all das erfüllt mein Herz. Ich stehe in einem langen, roten Kleid und einer Mütze da, schaue angestrengt zum Horizont und suche ... wonach? Ist dein

Schiff überhaupt da draußen? Ist es überhaupt auf dem Meer?

Mein Kopf ist voller unbeantworteter Fragen und in diesem Zustand der Unklarheit und Verwirrung sehne ich mich nach Ruhe. Ich kehre ins Haus zurück, trinke Tee und schließe dann die Augen. Ich fühle mich getragen von der Gewissheit, dass du mich liebst und dass dein Meer unruhig ist, nicht meines.

Doch kommt es natürlich vor, dass es tatsächlich zu Ende ist. Nicht im spirituellen Sinn, wie wir bereits gesehen haben, aber im Rahmen dieser irdischen Existenz. Ja, er wird für alle Zeiten in Ihrem Herzen bleiben und Sie werden in seinem bleiben. Aber es wird keine mitternächtlichen Gespräche mehr geben, keine Küsse nach dem Aufwachen, keine Kinder, die zu Ihnen ins Bett kriechen. Einer von Ihnen oder Sie beide haben gesagt: »Nein« – und so ist es.

Vielleicht war diese Entscheidung klug, vielleicht auch nicht. So oder so, einer von Ihnen wird wahrscheinlich trauern. Entweder hat der Geist Gottes Sie zu etwas Besserem geführt oder das Geschenk dieser Liebe war zu groß für jemanden, der zu sehr in seinen Grenzen gefangen war, als dass die Liebe hätte andauern können. Bis zu einem gewissen Grad spielt das keine Rolle. Der Schmerz ist derselbe.

Doch der Schmerz prägt und formt uns auch. Er macht uns weich und demütig. Und dann sind wir besser bereit für die Liebe. Es gibt keinen Grund, bitter zu werden, wenn eine Liebe geht. Vermutlich hat sich der andere damit selbst mehr Schaden zugefügt als Ihnen. Und ich glaube an die Behauptung, dass die Natur das Leere verabscheut. Für jede Träne in jemandes Auge gibt es einen Menschen, der sie wegküssen kann.

Ganz gleich, ob der Weg des Lebens oder das Geheimnis des Todes uns unser Liebstes genommen haben – wir lernen etwas sehr Wichtiges aus dieser Erfahrung: Gott – und nur Gott allein

– verlässt uns nie. Er war da, ist da und wird immer da sein. Er hebt uns über die Dunkelheit der Hölle hinweg, die unsere Herzen zerstören und uns alle Freude nehmen kann. Unsere Emotionen müssen nicht vom Schicksal gebeutelt werden, denn Gott selbst lässt uns sogar auf dem Wasser wandeln. Er erhebt buchstäblich unseren Geist und allmählich begreifen wir, dass wir ohne Gefahr lieben, dass wir ohne Gefahr verwundbar sein, dass wir uns ohne Gefahr hingeben können – nicht, weil der Geliebte unbedingt immer hier sein wird, sondern weil wir wissen, dass wir in den Armen Gottes geborgen sein werden, auch dann, wenn der Geliebte nicht mehr da ist.

Wir können nicht für einen anderen Menschen Entscheidungen treffen. Es nützt nichts, dass wir meinen, wir sähen eine unendliche Anzahl von Möglichkeiten vor uns – wenn unser Liebster überhaupt keine Chance sieht, dann ist das eben seine Entscheidung. Wir müssen uns in diesem Fall zwar von den physischen Gewohnheiten lösen, die wir mit dieser Liebe verbunden haben, aber wir müssen uns niemals von der Liebe selbst lösen. Sie bleibt bei uns, denn sie ist ein Teil Gottes. Sie wird bis zu dem Tag, an dem wir sterben, zu uns gehören und ich glaube, dass sie auch danach für immer ein Teil von uns sein wird.

Einem Geliebten zu vergeben bedeutet, die Dinge des Körpers loszulassen und sich ganz und gar den Dingen des Geistes zuzuwenden. Nie kann der Geist auf irgendeine Weise verringert oder geopfert werden. Jede Liebe ist auch ein Teil jeder anderen Liebe und jede Liebe baut auf der Liebe auf, die davor da war. Die Liebe ist eine gewaltige Flugbahn, die sich nach einem göttlichen Plan durch unser Leben zieht und aus mehreren unterschiedlichen Lieben zu bestehen scheint – doch das ist eine Täuschung. Wie die Sterne am fernen Himmel manchmal zu leuchten scheinen und manchmal nicht, so kann es uns vorkommen, als lebten wir zuweilen »in« einer Beziehung und zu anderen Zeiten »außerhalb«, das heißt ohne Beziehung; aber das ist nur eine irrige Annahme, die im Himmel völlig bedeutungslos ist. Wir befinden uns immer im Zustand der Liebe, denn die Liebe ist immer in uns. Es gibt nur eine Liebe.

Natürlich war ich es selbst, die dich dazu brachte, mich zu verlassen. Das sehe ich jetzt. Die Leute sagten immer wieder zu mir: »Glaubst du nicht, dass du Liebe verdienst?« Aber ich konnte mit der Frage gar nichts anfangen. Jetzt sehe ich, dass immer dann, wenn ich mich vor der Liebe verschloss, jemand anderes mir seine Liebe vorenthielt. Nicht etwa, weil Gott mich bestraft hätte, sondern weil ich mich selbst bestrafte. Schuld verlangt Bestrafung und im Unterbewusstsein fühlte ich mich schuldig. Ich »programmierte« dich dafür vor, mich zu bestrafen. Das sehe ich jetzt und ich befreie uns beide davon. Danke, dass du deine Rolle so gut gespielt hast. Ich wünsche dir und mir eine glücklichere Geschichte, ein schöneres Ende und einen fröhlicheren Weg als den, den wir einander aufzwangen.

Eines Tages, wenn all dies zu Ende ist, werden wir darüber lachen. Und du wirst sagen: »Erinnerst du dich daran, wie böse du einmal auf mich warst, weil ich diese Reise mit meinen Freunden machen wollte?«

Und ich werde sagen: »Ja, ich erinnere mich. Damals wusste ich das natürlich nicht – aber ich war ganz darauf versessen, dich zu einem Ungeheuer zu machen, und ich sah keine andere Möglichkeit, wie ich es sonst tun konnte.«

»Es ist dir recht gut gelungen«, wirst du zu mir sagen.

»Glücklicherweise habe ich nicht mehr nötig, mich so zu verhalten – weder dir noch mir noch sonst jemandem gegenüber«, werde ich im Stillen zu mir sagen.

Angesichts der Tatsache, dass die Hälfte aller amerikanischen Ehen mit Scheidung endet, müssen wir unbedingt einen Weg finden, um auf spirituelle Weise mit dieser Erfahrung umzugehen. Das ist von größter Bedeutung für uns selbst und – noch wichtiger – für unsere Kinder.

Eine Scheidung bedeutet nicht immer das Ende einer Beziehung. Sie stellt natürlich eine einschneidende Veränderung dar und beendet eine bestimmte Form der Beziehung – aber sie muss nicht das, was wirklich wichtig ist, beenden. Wenn Sie mit jemandem Kinder haben, dann sind Sie eine Familie. Und diese Familie bleibt bestehen. Die meisten Geschiedenen, die ich kenne, würden nach der Trennung sehr gerne eine freundschaftliche, liebevolle Beziehung mit ihren Expartnern führen, wenn sie nur wüssten, wie ihnen das gelingen könnte. Und die, denen das gelingt, haben wirklich Glück.

In meinem Buch *Illuminata* beschrieb ich eine »Scheidungszeremonie«, bei der ein Paar mit Hilfe von Gebeten seine nun endende Ehe in die Hände Gottes legt. Sie segnet das Band, das nicht aufhört zu existieren, und stellt ihm das Band, das gelöst wird, anheim. Man bittet Gott, diesen Prozess des Übergangs zu segnen. Wie viel Gewalt wird in unsere Herzen und die unserer Kinder hineingetragen, wenn etwas so Schmerzliches und Bedeutendes ohne Würde geschieht.

Ob wir an einer solchen Zeremonie teilnehmen wollen oder nicht – das leise Beten unserer Herzen kann trotzdem dazu beitragen, dass die Segnungen des Herrn nicht vergessen werden.

Lieber Gott,
wir legen diese Ehe
und diese Scheidung
in Deine Hände.
Heile unsere Herzen, lieber Gott,
und heile unsere Kinder.
Wir geben einander in Liebe frei

und wir segnen einander für immer.
Hilf uns, die Vergangenheit zu vergeben
und die Schönheit und die Unschuld
in uns und im anderen zu sehen.
Wir danken einander für die guten Zeiten
und vergeben einander alles andere.
Möge nichts sonst aus der Vergangenheit
in uns weiterleben.
Wir danken einander
für die vielen Gaben und Geschenke
und geloben, sie für immer in unseren Herzen zu bewahren.
Möge unsere Beziehung in diesem Augenblick
wiedergeboren werden,
damit sie in der nun anbrechenden Epoche unseres Lebens von Nutzen ist.
Möge der Heilige Geist
uns leiten und segnen.
Vergib uns beiden,
lieber Gott.
Amen

Und wenn unser einstiger Partner physisch nicht mehr in unserem Leben gegenwärtig ist, dann ist ein Kapitel in unserer Beziehung mit diesem Menschen vorüber. Aber das Buch des Lebens selbst endet nie. Wenn dieser frühere Lebensgefährte stirbt, wird er oder sie zu einem Engel auf unserer Schulter werden. Und wenn unsere Herzen offen sind, werden wir spüren, dass seine Flügel, jedes Mal wenn wir uns umdrehen, sanft unseren Nacken streifen.

Lieber Gott,
bitte knüpfe ein goldenes Band
zwischen dem Herz meines Geliebten

und meinem Herzen.
Lege Deine Hand auf dieses Band, lieber Gott,
und verewige unsere Bindung.
Mögen weder Krankheit noch Schmerz,
weder Streit noch Tod
unsere Liebe zerstören oder schmälern.
Verbinde mein Herz
fest mit dem meines Geliebten
für alle Zeit.
Amen

Wenn der Mensch, den wir lieben, noch lebt, uns aber seine Zuneigung entzogen hat, dann ist es möglich, dass energetische Bande uns weiterhin in ungesunder Weise an ihn fesseln. In diesem Fall sollte man am besten Gott bitten, diese Bande fortzunehmen, ja, ihre Enden zu verätzen, damit wir frei sind von Verbindungen, die keinen Sinn mehr haben. Es kann vorkommen, dass wir durch Sex, durch Sehnsüchte und tiefe Emotionen weiterhin an Orte und Situationen gebunden sind, die für unseren eigenen Weg nicht mehr von Nutzen sind. Dann ist es an der Zeit, zu weinen und zu beten und in sich zu gehen. Doch solche Augenblicke tragen auch dazu bei, uns das Wesen der Liebe – und damit das Wesen des Lebens – näher zu bringen. Wir verstehen nun besser, wer wir wirklich sind und warum wir hierher kamen. Wenn wir das sehen, können wir wieder lächeln.

Und mit der Zeit werden wir auch wieder lachen können.

Lieber Gott,
nimm mein Lob
und meinen Dank
für die Liebe,
die ich in den Armen halte.
Amen

Dreizehntes Kapitel
Das Lied der Geliebten

An dem Tag, an dem du ja sagtest, musste ich mich erst einmal setzen; ich konnte gar nicht glauben, dass meine Suche zu Ende war. Ja, es wird in meinen Emotionen keine finsteren Seitengässchen mehr geben, in denen ich früher herumwanderte und hoffte, genährt zu werden. Ja, ich sollte mich besser darauf einstellen, dass ich trotz all meiner leisen Proteste die Richtige für dich bin. Ja, es stimmt, die Heiligkeit und Kraft, die heute Nacht in der Luft liegen, sagen mir, dass mein einstiges Leben beendet ist und ein neues begonnen hat.

Nein, ich bin keinesfalls überzeugt davon, dass ich nicht stolpere oder hinfalle. Und ich habe oft das Gefühl, ich sei nicht gut genug, um an deiner Seite bestehen zu können. Nein, ich bin mir nicht ganz und gar sicher, dass wir die richtige Entscheidung getroffen haben. Doch habe ich auch das Gefühl, dass mir keine andere Wahl bleibt; denn mein Herz ruft nach dir von einem altehrwürdigen Ort aus und erklärt, dass du der Richtige bist – dass es meine Seele veredelt und mich mit meiner Vergangenheit aussöhnt, wenn ich mit dir bin, mit dir gehe, mit dir bete und mit dir weine – und dass sich dadurch mein Lied endlich Bahn brechen wird. Dann will ich für dich singen. Und dann werden wir beide frei sein.

Und nun komm mit mir in einen tiefen Wald. Ich werde deine Hand nicht loslassen. In einem Grashain wartet eine Überraschung auf dich, die dich zum Lachen bringen wird. Du wirst dich wieder wie ein Kind fühlen und wir werden zwischen den wilden Tieren spielen. Ich werde nicht der sein, den du vor dir siehst, doch du wirst mich an meinen Augen erkennen. Löwe, Tiger, Lamm und Vo-

gel – ich werde all eure Gedanken widerspiegeln und jeder eurer Träume sein. Gespielin und Liebende, Mutter, Schwester, Königin und Dienerin will ich sein, bis du aus all deinen Träumen emporsteigst und endlich zum Leben erwachst. Und wenn du das tust, kann ich nur hoffen, dass ich noch immer die Deine sein werde. Ich setze das nicht als selbstverständlich voraus, aber ich wünsche es aus vollem Herzen. Dein Licht an diesem Tag besänftigt mein Herz; dein Licht an jenem Tag wird die Dunkelheit meines Schmerzes durchdringen. Dann werde ich wie Phönix aus der Asche steigen und im Flug zu dir stoßen. Wir werden nicht mehr das sein, was wir früher waren. Wir werden wieder Engel sein.

Ich will fliegen, wenn du fliegst. Wir werden als ein Ganzes fliegen. Wir werden nicht bereuen, dass wir beschlossen haben, einander zu lieben. Denn wir beide wissen, wie viel Schmerz wir durchlitten haben, als wir durch eine lieblose Welt schritten. Wir werden einander stützen. Wir werden unser beider Seelen befreien, damit sie singen können. Die Musik des Universums wird unsere Seelen heilen. Die Liebe, die wir teilen, wird den Himmel erleuchten und es wird keine Finsternis mehr geben. Sicherlich werden wir dort Gott begegnen. Wir werden halleluja singen und in Seine Arme fallen. Komm nun in meine, mein Liebling, ich will dich glücklich machen.

Dies ist der Tag, den der Herr geschaffen hat, dies ist der Tisch, der für uns bereitet wurde, dies ist die Liebe, die uns beide heilt. Gott, ich danke dir für die Liebe an meiner Seite. Gott, ich danke dir für alles. Gott, ich danke dir, dass du da bist.

Das Herz muss weich und geschmeidig sein – sonst kann uns die Liebe nicht finden. Mauern können nicht zueinander kommen, nur zärtlich liebende Gemüter können es. Und mit dieser

Verbindung wird eine Kraft ins Universum freigesetzt, die größer ist als alles, was man sich vorzustellen vermag. Ein geheimnisvoller Laserstrahl fährt in uns, er lässt uns zu dem werden, der wir sind, er verändert unsere Grenzlinien und gestaltet die Karte unserer früheren Existenz neu. Wir werden zu dem, der wir werden müssen, damit wir uns gegenseitig stützen können.

Und dadurch wird der Raum geschaffen, der »wir« genannt wird – nicht du, nicht ich, sondern eine geheiligte Dimension. Ein Raum, der respektiert, geschützt und vor allem gehegt wird. Ein Raum für die Liebe, die nicht von dieser Welt ist, die jedoch die Kraft hat, sie zu verwandeln. Er ist ein Hospiz für die gebrochenen Gemüter der beiden Menschen, die hier angekommen sind, ein Ort, an dem man sich nach Jahren des Krieges ausruhen kann, und ein Mutterschoß für die Entwicklung der Identitäten, die wir nun entwickeln. Wir werden allein geboren, aber wir werden als kosmische Zwillinge wiedergeboren.

Und das entdecken wir, wenn wir dann endlich die Höhepunkte der Liebe erklimmen. Verzauberte Intimität verleiht den beiden Seelen ein gemeinsames Amt, eine gemeinsame Mission; sie stehen im Dienst einer Kraft, die größer ist als jede andere. Wir sind voneinander getrennt und wir sind auch eins – wie alles in der menschlichen Natur. Es ist Zeit, so zu leben, als wenn unsere Einheit von Bedeutung wäre. In einer verzauberten Liebe bemühen wir uns, nach den Grundsätzen zu leben, von denen wir so inbrünstig wünschen, sie würden unsere Zivilisation bestimmen. Es sind die Grundsätze, die auch die Sterne und natürlich die Herzen der Menschen lenken, die verliebt sind. Darum sind Liebende natürlicherweise die Künder des heraufziehenden Zeitalters. Die Verzauberung stellt unsere bessere Natur wieder her. Wir beide fühlen: »Was ich mehr als alles andere will, ist, dir mein Bestes zu geben. Was ich mehr als alles andere will, ist, dich an all den Orten, wo du so lange in der Kälte herumgewandert bist, mit Wärme zu umhüllen. Was ich will, ist, ein Mensch zu werden, der dir mit der Natürlichkeit eines Brunnens, der Wasser spendet, etwas gibt und von dir mit der Bereitschaft empfängt, mit der die Erde den Regen empfängt.«

Erlauben Sie Ihrem Geist, das Bild Ihres Geliebten sanft zu umarmen. Sehen Sie nun mit den Augen Ihres Geistes eine engelsgleiche Erscheinung, ein Wesen aus Licht, das an seiner Seite steht. Erlauben Sie sich, in die leuchtende Hülle dieser Engelskraft zu schlüpfen, sich mit ihrem Licht zu verbinden und dann allmählich sie selbst zu werden. Bitten Sie Gott, er möge es einrichten, dass Sie im Leben des Menschen, den Sie lieben, etwas Gutes ausrichten.

Beten Sie dafür, dass die Türen zur Liebe in Ihrem Herzen geöffnet werden mögen: Lieber Gott, mache, dass ich vor allem gebe und nicht nur nehme. Lieber Gott, mache aus dieser Liebe einen Ort, an dem sich unser höheres Selbst entfalten kann. Lieber Gott, mache meinen Geliebten zu einem glücklichen Menschen. Lieber Gott, mache, dass ich meiner Geliebten ihr Lächeln zurückgeben kann, dass ich das Herz meines Geliebten heilen kann. Und bitte heile diese Welt mit unserer Liebe und durch unsere Liebe. Ich gelobe, mein Bestes zu tun. Bitte, segne uns beide. Amen.

Es ist so viel Ruhe hier an diesem Ort, wo nur du und ich sind, da wir wissen, dass sich dies schon seit ewigen Zeiten so vollzieht. Wir haben im Gespräch innegehalten, wie lange – tausend Jahre? Sprich wieder mit mir, denn in deiner Stimme höre ich die Musik, nach der ich mich so gesehnt habe. Ich will mich dir anschließen in diesem Dialog, ich will meine Worte sprechen und meine Rolle singen. Das Schweigen hat lange genug gedauert und es ist Zeit, neu zu beginnen.

Sag ja, und du wirst es nie bereuen. Sag ja, sag ja, sag ja, sag ja ...

Wenn sich Herzen miteinander verbinden, so ist dies eine Verbindung in Gott; nur in ihm gibt es Liebe. Jede Liebe, die wir teilen, ist eine Facette Seines Lichts in einem kosmischen Diamant, der so real ist wie alles, was wir in der körperlichen Welt fühlen können.

Verzauberung schafft eine Brücke über Zeit und Raum und macht das wett, was immer in unserer gewöhnlichen Kommunikation fehlt. Wenn ich in der Sphäre der Verzauberung eins mit dir bin, doch im Augenblick weder ein Telefon noch die emotionale Erlaubnis habe, dich anzurufen, dann hörst du vielleicht ein Lied im Radio, das dir sagt, was ich jetzt sagen würde, wenn ich bei dir wäre.

Dieses Lied wurde nicht »zufällig« gespielt und das wissen Sie. Das fühlen Sie. Solche Dinge kommen in der Liebe ganz selbstverständlich vor. Es ist ein Teil eines mystischen Stoffes, gewoben zwischen Menschen, die Liebe und Verzauberung wollen. Unsere alten mechanischen Seinsweisen sind wie alte Flugzeuge neben einer Raumfähre, verglichen mit den Fähigkeiten zur Erleuchtung, die geweckt werden, wenn unsere Herzen offen sind. Diese neuen Fähigkeiten sind nicht metaphorischer Natur – sie sind sehr real. Sie beinhalten die Macht, durch Zeit und Raum zu fliegen (wenn wir einander genug lieben, brauchen wir keine Flugzeuge), die Macht, über Zeit und Raum hinweg zu kommunizieren (wenn wir einander genug lieben, brauchen wir das Internet nicht mehr), und die Macht, der ganzen Welt Frieden zu bringen (wenn wir einander genug lieben, brauchen wir keine Kriege mehr).

Verzauberte Liebende hauen ein Loch in die Mauer, die jetzt noch unsere Sicht auf das Paradies versperrt. Wenn diese Mauer in unseren Herzen zerbricht, wird sie auch in der Welt fallen.

Und dies ist das Abenteuer, das ich dir vorschlage: Ich will jeden Gedanken und jedes Gefühl, jede Hoffnung und jeden Traum, jede Angst und jeden Schmerz. Ich möchte das alles. Ich will sie in meinen Topf tun und östliche Gewürze dazugeben. Ich will sie mit meinem Willen umrühren und meine Liebe und meine Gebete für dich hinzufügen. Später wirst du mit mir speisen und die Speise, die du isst, wird dich stark machen. Dein oberflächliches Selbst wird in den Tiefen, die du in dir trägst, verschwinden. Komm mit deinem Hunger zu mir und ich will dich mit meinem weiblichen Selbst nähren.

Komm mit deiner Sehnsucht zu mir, denn ich bin stark genug, um sie zu stillen. Ich bin erfüllt von einem Geist, der uns nie mehr verlassen wird. Er wird aus unserer Liebe einen verzauberten Ort machen und wir werden zu dem werden, der wir sind.

Und nun tritt mit mir an die Mauer heran – und die Mauer wird verschwinden, mein Liebling.

Die Mauer wird verschwinden.

Danksagung

Mein Dank geht an Al Lowman und Mitchell Ivers, die Geburtshelferinnen dieses Buchs. Dank auch an Simon & Schuster, die mir die Chance gaben, es zu veröffentlichen. Dank auch an Anne-Marie Wilk, Kathy Kalil und Mary Ellen Bushy, die meine Dinge am Laufen hielten, während ich es schrieb. Und Dank an Emma dafür, dass sie Mamis Herz so froh gemacht hat.